©くもん出版

目標時間 20分　合格 100点 80点 0点　●復習のめやす　4年生の学力チェックテストなどでしっかり復習しよう！　得点 100点

1 文に合うように、——線のまちがっている漢字を□に書き直しましょう。（1つ4点）

(1) あさがおの目が出る。

(2) 信号の色が代わる。

(3) 月の始めに休みがある。

(4) 赤ちゃんの体重を計る。

(5) 夜中に目が冷める。

(6) 暑いお茶を飲む。

2 ——線のことばを（ ）に言い切りの形で書き、国語辞典に出てくる順に、□に番号をつけましょう。（1つ4点、順番は全部できて4点）

(1) 校庭の広さを測ろう。　（　　　　）・□

(2) 速く走って追いつく。　（　　　　）・□

(3) 説明は省かない。　（　　　　）・□

(4) 氷が張った池。　（　　　　）・□

(5) 工場で働いている。　（　　　　）・□

3 つぎの □の ことばが さしている ことばを 書きましょう。(1つ4点)

(1) わたしの 家に、とても 古い 木が ある。 それ は おじいさんが 昔 植え

（答えの枠）

(2) たものだ。わたしは 動物の 図かんを 買った。 それ を いもうとに かして やった。そして 弟へ

（答えの枠）

(3) と 思う。駅前に 大きな 公園が できた。今度の 日曜日、 そこ に 遊びに 行こう

4 つぎの 意味に なるように、読点(、)を 一つずつ つけましょう。(1つ5点)

(1) 〈父が 作る。〉
わたしは 父が 作った オムレツを 食べた。

(2) 〈わたしが 作る。〉
ぼくは 母に 向かって 話しかけてきた 弟を 見た。

(3) 〈母が 急いで いる。〉
兄は 母が 急いで 家を 出た 弟を 追いかけた。

5 つぎの ことばを、ローマ字で 書きましょう。(1つ5点)

(1) 石けん

(2) 住所

(3) 給食

(4) 本屋

(5) 牛にゅう

四年生の復習 ② 「くり畑の九月」

© くもん出版

目標時間 30分　　合格　100点　80点　0点

●復習のめやす
4年生の学力チェックテストなど
しっかり復習しよう！

得点　　100点

★ 次の文章を読んで、下の問題に答えましょう。

「おれ、ガードマンやる。」

次の日の朝。お兄ちゃんがきりっとした声で言いました。

くり畑の真ん中に小屋を建てて、ぼくが、見はっているというのです。

「ぜったいやるからね。」

その日。お兄ちゃんは、剣道部の仲間たちを連れてきて、あっという間に、わらぶきの小屋を建ててしまいました。

いちばん働いたのは、ぼくと妹です。

見はり小屋には、毎日、お兄ちゃんの友達が遊びに来て、にぎやかでした。

「遊びじゃないんだぞ。」

と、父さんが小言を言いました。

「もうすぐ、あきるよ。」

お兄ちゃんは<u>ゆうゆう</u>としていました。

(1) 「ガードマン」とは、何をすることですか。( )に合うことばを書きましょう。（一つ10点）

くり畑の真ん中に

①(　　　　　　　　　　)を建てて

②(　　　　　　　　　　)、

見はっていること。

(2) 「ガードマン」をやることに「ぼく」は賛成でしたが、それはどこから分かりますか。一文をぬき書きましょう。（15点）

(　　　　　　　　　　　　　　)

(3) お兄ちゃんが「<u>ゆうゆう</u>」としていたのは、なぜですか。（15点）

だれもいなくなってから

[　　] くて(　　　　　　　　)

をするつもりだったから。

3

「おにいちゃんのほうがかります。」

「そう。」

「あてらちゃんなの。」

「に。」

「おにいちゃんたちは、ぜんぜんなかよくない。おにいちゃんたちは帰るよ。」

おとうさんとおかあさんは、わたしとおにいちゃんをつれて、ちっとも帰らなかった。

わたしとおにいちゃんは、まだいっしょに勉強をおしえてもらいたい気分になった。

おにいちゃんは、おにいちゃんで、全然かえりたくなかった。だから、おにいちゃんにも、やさしくしてくれた。

<u>～なかへいえるく気分になる</u>

「どうしたの？」と、おかあさんは、きいた。

「ぼくがいすにすわっていると、いいかな。」と、おにいちゃんは、いった。

<u>「うらやましい感じ」</u>

ちれたよろしくたちは、おにいちゃんにも、

四日五日たってにものにも、

(4) <u>「なー……」</u>とおもったのはなぜですか。( )に合うことばを書きましょう。(15点)

　　見た回り屋を
　　建て回りせましょう
　　にいものも

(5) <u>～ほっとしました</u>とは、どういう意味ですか。一つえらんで、「○」をつけましょう。(15点)

ア（　）で、ほっとした意味に近い。

イ（　）効果がほっとしたでしょう。

ウ（　）自分がほっとするので、防げ働けたのであへ、みあ味いん。

(6) 「ほっ」とは、意味がつみたって立つ目印として、おにいちゃんにとって、（　）

　　し態度ですか。「ほっ」とした意味がわかって立つ目印として、おにいちゃんのことについて、三十五字くらいで書きましょう。(20点)

4

漢字の読み書き(1)

基本の問題のチェックだよ。
できなかった問題はしっかり学習してから
完成テストをやろう!

得点 ／100点

関連ドリル

●漢字は学年のまとめなので、
ページはしめしていません。

©くもん出版

〈二通りの漢字の読み〉

1 次の──線の漢字の読み方を書きましょう。 (一つ3点)

24点

全部できたら✓

(1)
（　　　　　）
大きな 河。
（　　　　　）
河口 の橋。

(2)
（　　　　　）
末永 い幸せ。
（　　　　　）
永久 に変わらない。

(3)
（　　　　　）
許 しを得る。
（　　　　　）
車のめん許。

(4)
（　　　　　）
力を比 べる。
（　　　　　）
大きさの比 かく。

〈漢字の書き〉

2 次の□に漢字を書きましょう。 (一つ3点)

18点

全部できたら✓

(1) ほとけ □ の教え。

(2) かり □ 住まいの家。

(3) 手本を しめ □ す。

(4) 青い ぬの □ をかける。

(5) 名所や きゅう □ せきを見て回る。

(6) 松の えだ □ がのびる。

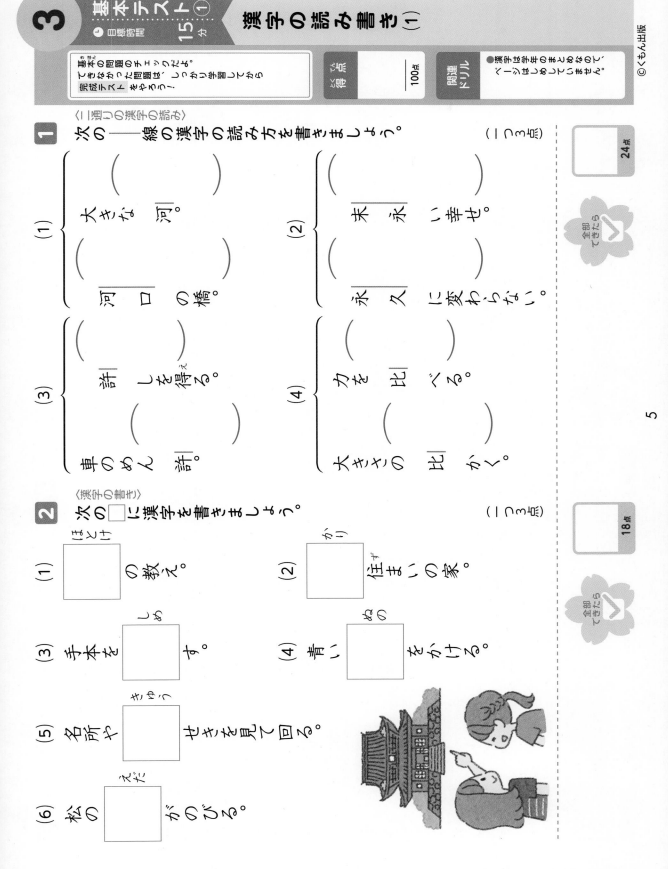

5

4

次の□に漢字を書きましょう。
〈じゅく語の書き〉

40点 （1つ4点）

(1) □□を食べる。

(2) 議案を□□する。

(3) □□と結果。

(4) □□誌を買う。

(5) □□をかける。

(6) □□を行く船。

(7) □□を言う。

(8) □□交代の時期。

(9) □□を防ぐ。

(10) 人口の□□。

3

〈送りがなのある漢字〉

——線の送りがなに気をつけて、□に漢字を書きましょう。

18点 （1つ3点）

(1) 図や表で□す。

(2) □いねいにしらべる。

(3) おちをあゆむ。

(4) せの高さを□べる。

(5) □にちかう。

(6) 手で体を□える。

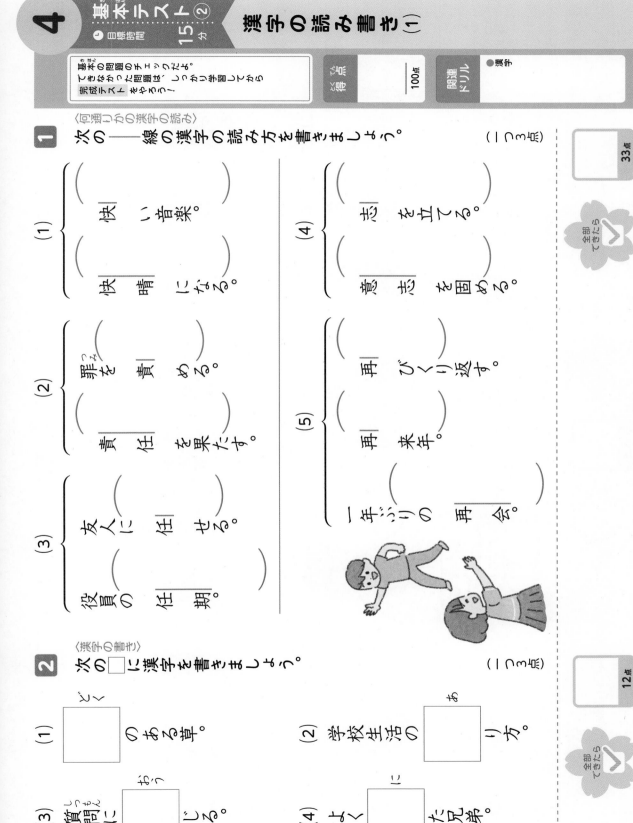

⏱目標時間 15分

●くもん出版

できなかった問題のチェックだよ。基本の問題の
完成テストをやろう！
できなかった問題は、しっかり学習してから

得点　　　／100点

関連ドリル　●漢字

〈何通りかの漢字の読み〉

1 次の──線の漢字の読み方を書きましょう。　（一つ3点）

33点

全部できたら✓

(1)
（　　）快い音楽。
（　　）快晴になる。

(2)
（　　）罪を責める。
（　　）責任を果たす。

(3)
（　　）友人に任せる。
（　　）役員の任期。

(4)
（　　）志を立てる。
（　　）意志を固める。

(5)
（　　）再び〜り返す。
（　　）再来年。
（　　）一年ぶりの再会。

〈漢字の書き〉

2 次の□に漢字を書きましょう。　（一つ3点）

12点

全部できたら✓

(1) どく　□のある草。

(2) 学校生活の　□（あ）り方。

(3) 質問に　□（おう）じる。

(4) よく　□（に）た兄弟。

4 次の□に漢字を書きましょう。
（つぎの語を書きます。）

（1つ4点）　40点　全部できたら✓

(1) 気温　□□く[きおん]

(2) 強い□□し[はしら]をつくし。

(3) 工業□□だんち[だんち]。

(4) 友□□じょう[じょう]とはなす。

(5) 問題□□ようし[ようし]。

(6) 陸上□□きょうぎ[きょうぎ]。

(7) □□ひがい[ひがい]に備える。

(8) □□けしき[けしき]をみる。

(9) □□じょうけん[じょうけん]がそろう。

(10) □□せきにん[せきにん]をはたす。

3 ──線の送りがなに気をつけて、□に漢字を書きましょう。
（送りがなに注意する漢字）

（1つ3点）　15点　全部できたら✓

(1) 作業を□せる。[まか]

(2) 失敗を□める。[せ]

(3) □い風がふく。[つよ]

(4) 学問に□す。[こころざ]

(5) □り直す。[にぎ]

©くもん出版

合格 80点　●復習のめやす　基本テスト・関連ドリルなどでしっかり復習しよう！

得点　　100点

関連ドリル　●漢字

1 ──線のことばを漢字と送りがなで書きましょう。（一つ4点）

(1) 弟のいたずらをゆるす。

（　　　　　　　　）

(2) 仕事を人にまかせる。

（　　　　　　　　）

(3) 柱で屋根をささえる。

（　　　　　　　　）

(4) 祖母にひさしく会っていない。

（　　　　　　　　）

(5) ふたたび試合を行う。

（　　　　　　　　）

(6) 荷物の重さをくらべる。

（　　　　　　　　）

(7) 音楽家をこころざす。

（　　　　　　　　）

(8) こころよい音楽が聞こえる。

（　　　　　　　　）

2 次の読み方をする漢字を□に書きましょう。（一つ2点）

(1) カン …… 作品の□成。ひざの□節。朝□を読む。

(2) ケン …… 学者が□究する。事□が起きる。

(3) ベン …… 交通の□がよい。□当を食べる。

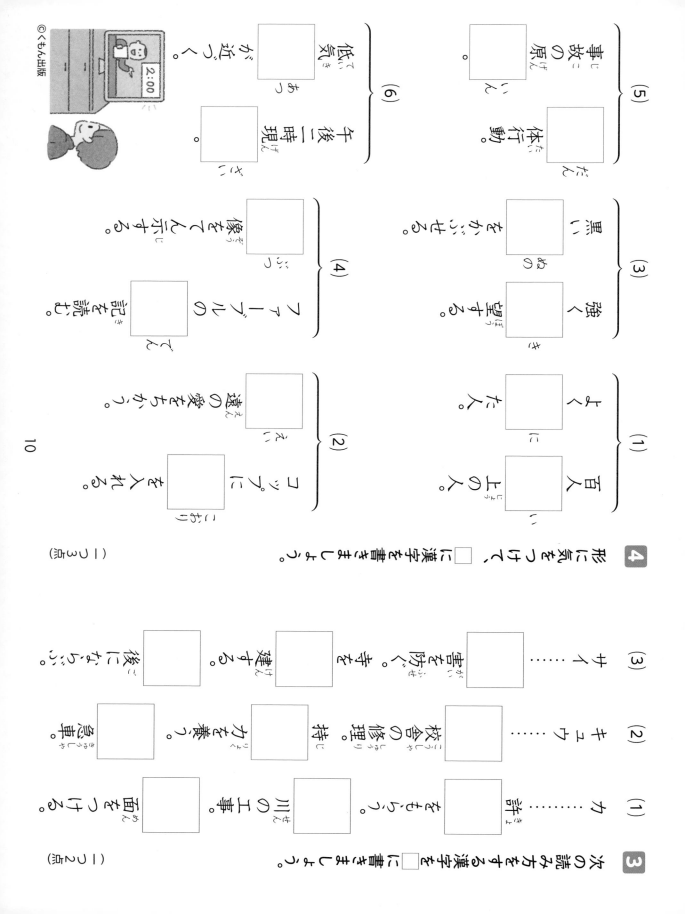

4 形に気をつけて、□に漢字を書きましょう。（1つ3点）

(1) 百人□に。
　　□の人。

(2) コップに□を入れる。
　　遠い□（考え）をもつ。

(3) 黒い□（布）の。
　　強く□（望）む。

(4) ハンドルの□で。
　　記□を読む。

(5) 事故の原□（いん）。
　　□（だん）体行動。

(6) 午後二時□ごろ。
　　低い気□（あつ）。
　　□に近づく。

---

3 次の読み方をする漢字を□に書きましょう。（1つ2点）

(1) カ ………
　　□事を防ぐ。
　　□川の工事。
　　□面をつける。

(2) キュウ ……
　　□校舎の修理。
　　力を□う。
　　□な仕事。

(3) サイ ……
　　□後になる。

10

基本の問題のチェックだよ。できなかった問題は、しっかり学習してから完成テストをやろう！

得点 ／100点

関連ドリル ●漢字

〈二通りの漢字の読み〉

1 次の──線の漢字の読み方を書きましょう。 (一つ3点)

30点

(1)
- 時間が 余 る。
- 余 計 な 荷物。

(2)
- 意見を 述 べる。
- 要点を 記 述 する。

(3)
- 風を 防 ぐ。
- 消 防 車 が 通る。

(4)
- 易 しいテスト。
- 安 易 に 考える。

(5)
- 手紙で 断 る。
- 道を 横 断 する。

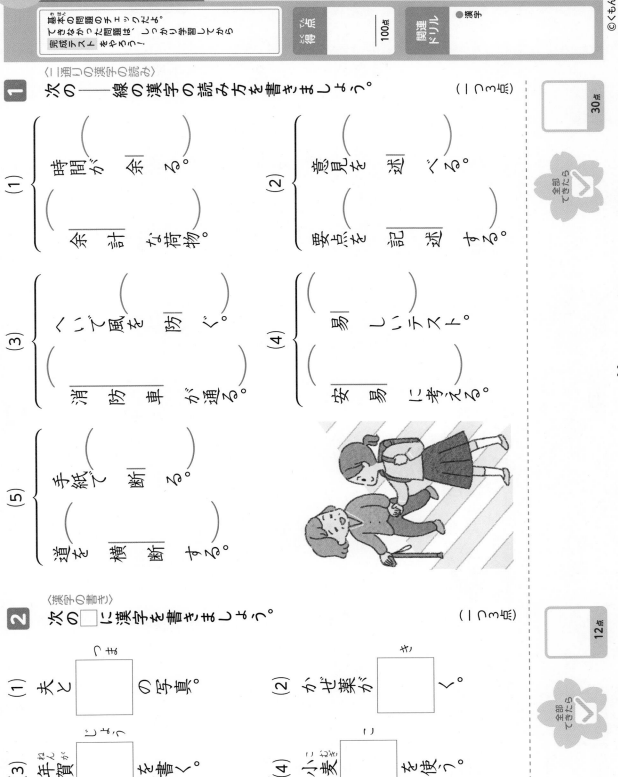

〈漢字の書き〉

2 次の□に漢字を書きましょう。 (一つ3点)

12点

(1) 夫と□の写真。

(2) かぜ薬が□く。

(3) 年賀□を書く。

(4) 小麦□を使う。

11

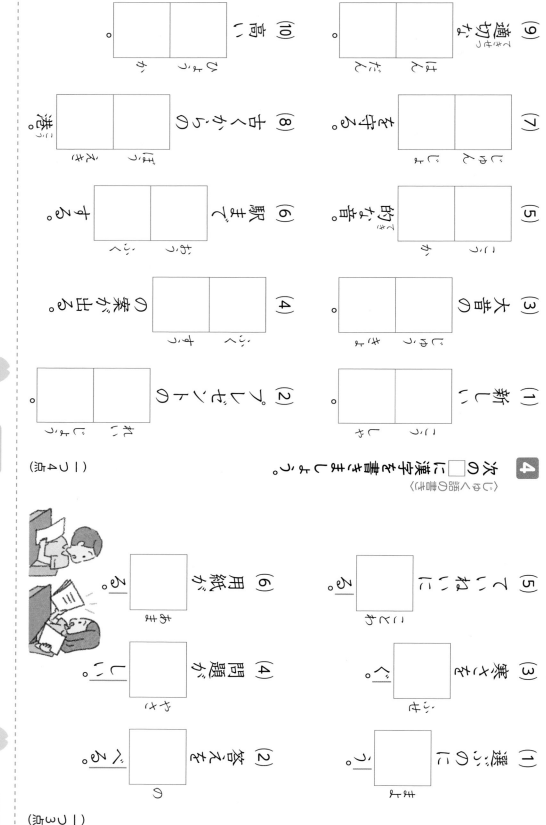

4 次の□に漢字を書きましょう。
〈じゅく語〉　40点（1つ4点）

(1) 新□□い

(2) プレゼントの□□れ

(3) 大昔の□□。

(4) □□の案が出る。

(5) □□的な音。

(6) 駅まで□□する。

(7) □□を守る。

(8) 古くからの□□港。

(9) 適切な□□。

(10) 高い□□。

3 ──線の送りがなに気をつけて、□に漢字を書きましょう。
〈送りがなのある漢字〉　18点（1つ3点）

(1) 選□の□□にする。

(2) 答えを□べる。

(3) 寒さを□じる。

(4) 問題が□しい。

(5) □□ねいに□く。

(6) 用紙が□る。

基本の問題のチェックだよ。
できなかった問題は、しっかり学習してから
完成テストをやろう！

得点 ／100点

関連ドリル ●漢字

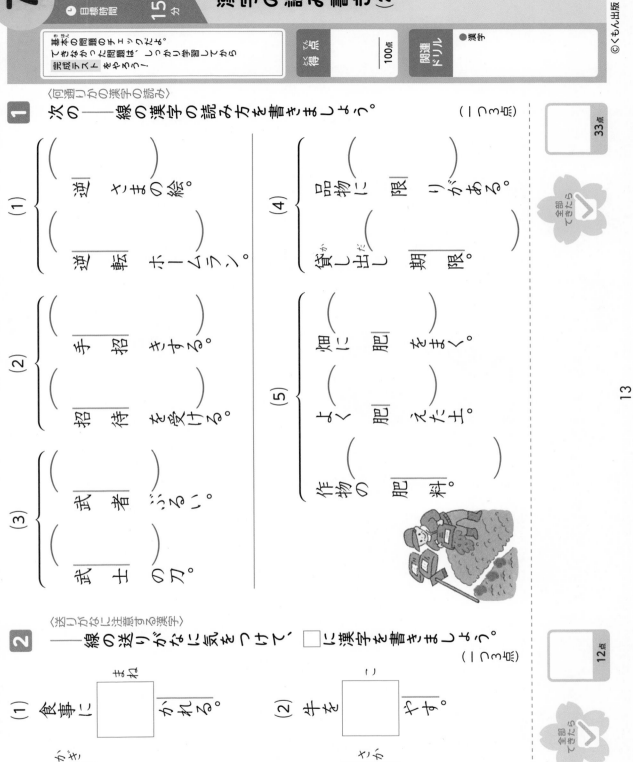

〈何通りかの漢字の読み〉

1 次の――線の漢字の読み方を書きましょう。 (一つ3点)

33点

全部できたら ✓

(1)
( ) 逆さまの絵。
( ) 逆転ホームラン。

(2)
( ) 手招きする。
( ) 招待を受ける。

(3)
( ) 武者ぶるい。
( ) 武士の刀。

(4)
( ) 品物に限りがある。
( ) 貸し出し期限。

(5)
( ) 畑に肥をまく。
( ) よく肥えた土。
( ) 作物の肥料。

〈送りがなに注意する漢字〉

2 ――線の送りがなに気をつけて、□に漢字を書きましょう。 (一つ3点)

12点

全部できたら ✓

(1) 食事に□(まわ)かれる。

(2) 牛を□(こ)やす。

(3) □(かぎ)られた地いき。

(4) 風に□(さか)らう。

13

4 次の□に漢字を書きましょう。〈三字のじゅく語〉 （1つ4点） 28点

(1) □□□ （ひ・は・ん）

(2) □□□ （に・けん・せ）

(3) □□□ （しょう・に・た）

(4) □□□ （が・はん・もく）

(5) □□□ （か・じ・せ）

(6) □□□ （し・に・ひん）

(7) 町の□□□。 （い・か・ん）

(8) 工作で□□ （あ・み）　□□を使う。 （が・み・ん）

(9) アルプス□□ （さん・みゃく）

3 次の□に漢字を書きましょう。〈二字のじゅく語〉 （1つ3点） 27点

(1) □□を防ぐ。 （せ・じ）

(2) 江戸時代の□□。 （し・ぶ）

(3) □□の官。 （け・い・せ）

(4) 畑の□□。 （ひ・しょう）

(5) □□して勝つ。 （きゃ・く・せん）

(6) 小説を□□する。 （し・ばん）

(7) □□を守る。 （けん・き）

合格
100点 80点 0点
●復習のめやす
基本テスト・関連ドリルなどで復習しよう！

得点
/100点

関連ドリル
●漢字

1 ──線のことばを漢字と送りがなで書きましょう。 (一つ4点)

(1) 友達をまねく。

（　　　　　　　　）

(2) 駅までの道にまよう。

（　　　　　　　　）

(3) 畑の土をたがやす。

（　　　　　　　　）

(4) 力のかぎり投げる。

（　　　　　　　　）

(5) 事故を未然にふせぐ。

（　　　　　　　　）

(6) 川の流れにさからう。

（　　　　　　　　）

(7) やさしい問題を解く。

（　　　　　　　　）

(8) 電話でことわる。

（　　　　　　　　）

15

2 次の読み方をする漢字を□に書きましょう。 (一つ2点)

(1) ジョウ……電車の□客。年賀□を出す。

(2) オウ………質問に□じる。学校を□復する。

(3) セイ………明るい□格。□服を着る。国の□治。

4 形に気をつけて、□に漢字を書きましょう。（一つ3点）

(1)
- 姉の結□し。（こん）
- □器をする。（ぶ）

(2)
- 本を出□する。（しゅっ・ぱん）
- 黒□に書く。（こく・ばん）

(3)
- 外国との□易。（ぼう）
- □列車が走る。（もつ）

(4)
- 二十□紀に。（せい）
- 毎日□を書く。（にっ・き）

(5)
- すばやく□を断する。（はん・だん）
- 朝□を読む。（ちょう）

(6)
- 体力が□回する。（かい）
- □雑な問題。（ふく）

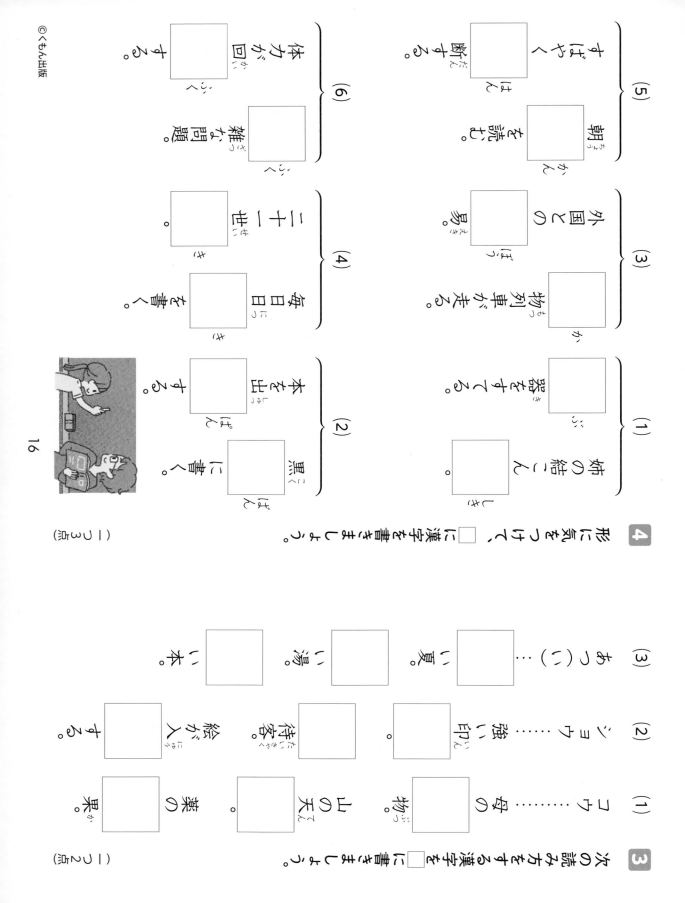

16

3 次の読み方をする漢字を□に書きましょう。（一つ2点）

(1) コウ………
(2) ショウ……
(3) あつ（い）…（こ）…

- 夏に□い。
- □い印。
- 母の□物。

- □湯。
- 待客。
- 山の天□。

- 本に□。
- 総が入□。
- 果□。

基本の問題のチェックだよ。できなかった問題はしっかり学習してから**完成テスト**をやろう！

得点 　　　　/100点

関連ドリル　●漢字

〈二通りの漢字の読み〉

1 次の――線の漢字の読み方を書きましょう。 (一つ3点)

30点

全部できたら✓

(1)
名を告げる。（　　　　）
新聞の広告。（　　　　）

(2)
独り言を言う。（　　　　）
独自な言い方。（　　　　）

(3)
険しい山道。（　　　　）
冒険した話。（　　　　）

(4)
校庭の広さを測る。（　　　　）
身長を測定する。（　　　　）

(5)
学問を修める。（　　　　）
文章を修正する。（　　　　）

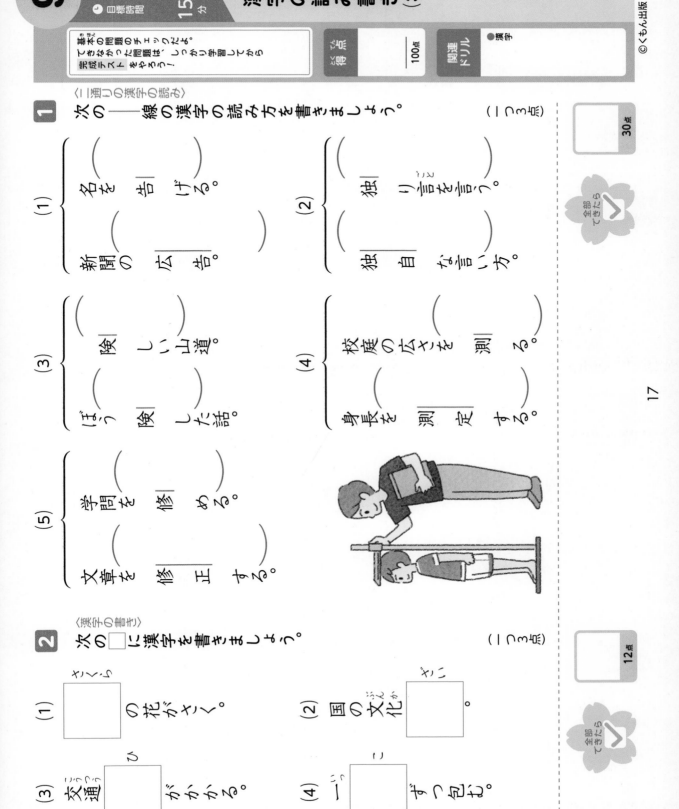

〈漢字の書き〉

2 次の□に漢字を書きましょう。 (一つ3点)

12点

全部できたら✓

(1) [さくら]の花がさく。

(2) 国の文化[さに]。

(3) 交通[ひ]がかかる。

(4) [に]をつつむ。

17

© くもん出版

4 次の □に漢字を書きましょう。
〈じゅく語の書き〉

（一つ4点）

(1) □□ の基。（そ・せん／はか）

(2) □□ に。（かん・せい）ヤシに

(3) □□。記念日。（ひ／こ・ねん）

(4) 会社の □□。（り・えき）

(5) □□ を守る。（し・ぜん）

(6) 原因を □□ する。（ちょう・さ）

(7) □□ を学ぶ。（き・し）

(8) 二酸化 □□。（たん・そ）

(9) 機械の □□。（ほん・てん）

(10) □□ 品質を。（ひん・しつ）する。

（全部できたら〇）

40点

---

3 ──線の送りがなに注意して、□に漢字を書きましょう。
〈送りがなのある漢字〉

（一つ3点）

(1) □しい顔つき。（けわ）

(2) 健康を □つ。（たも）

(3) 田畑を □す。（たがや）

(4) 身長を □かる。（はか）

(5) 医学を □める。（おさ）

(6) 勝利を □ぶ。（よろこ）

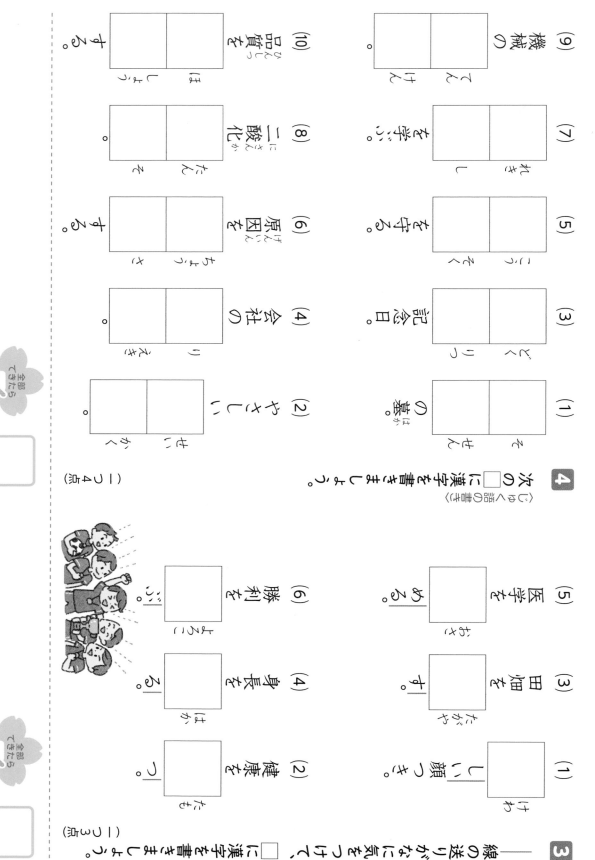

（全部できたら〇）

18点

⏱目標時間 15分

基本の問題のチェックだよ。
できなかった問題はしっかり学習してから
完成テストをやろう！

得点 ／100点

関連ドリル ●漢字

ⓒくもん出版

1 〈何通りかの漢字の読み〉

次の──線の漢字の読み方を書きましょう。 (1つ3点)

33点

(1)
季節の（　）移り変わり。
車を（　）移動する。

(2)
銅像を（　）造る。
（　）造船の技術。

(3)
色が（　）混じる。
（　）混戦になる。

(4)
記録を（　）破る。
ビルを（　）破かいする。

(5)
ボタンを（　）留める。
（　）留守番をする。
バスの（　）停留所。

2 〈漢字の書き〉

次の□に漢字を書きましょう。 (1つ3点)

9点

(1) ［ぞう］□の親子。

(2) 長い年月を□く。

(3) おじの家に□る。

19

4 次の□に漢字を書きましょう。
〈つなぐ言葉ふくむ〉 （1つ4点）　40点　🌸全部できたら

（1）手紙の □□ 。

（2）□□市に □□する。

（3）練習 □□ 。

（4）□□を守る。

（5）□□性がある。

（6）場所を □□する。

（7）□□する。

（8）□□の薬。

（9）健康 □□

（10）□□を積む。

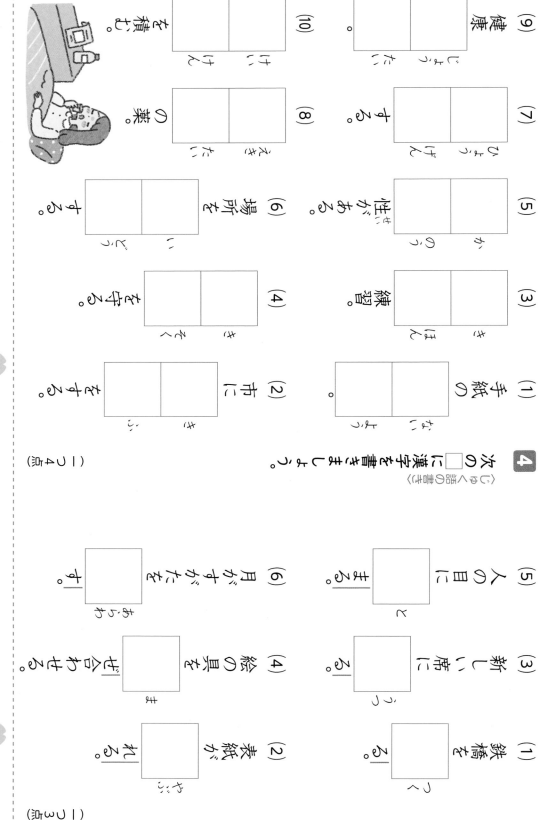

---

3 ──線の送りがなに気をつけて、□に漢字を書きましょう。
〈送りがなに注意する漢字〉 （1つ3点）　18点　🌸全部できたら

（1）鉄橋を □く。

（2）表紙が □がれる。

（3）新しい帯に □る。

（4）絵の具を □ぜる。

（5）人の目に □まる。

（6）月がすがたを □す。

合格
100点 80点 0点

●復習のめやす
基本テスト・関連ドリルなどで
復習しよう！

得点
／100点

関連ドリル
●漢字

1 ——線のことばを漢字と送りがなで書きましょう。 (1つ5点)

(1) けわしい山に登る。

（　　　　　　　　　　）

(2) 大型船（おおがたせん）をつくる。

（　　　　　　　　　　）

(3) 紙ぶくろがやぶれる。

（　　　　　　　　　　）

(4) 快適（かいてき）な温度にたもつ。

（　　　　　　　　　　）

(5) 畑をくわでたがやす。

（　　　　　　　　　　）

(6) 人命をすくう。

（　　　　　　　　　　）

2 次の読み方をする漢字を□に書きましょう。 (1つ2点)

(1) あらわ（す）…言葉に□す。すがたを□す。

(2) おさ（める）…国を□める。学問を□める。

(3) うつ（す）……黒板の字を□す。いすを後ろに□す。

(4) はか（る）……荷物の重さを□る。水の深さを□る。

4　形に気をつけて、□に漢字を書きましょう。　(1つ3点)

(1)
危□な場所。
器具の点□。

(2)
家の□産を守る。
失□をくり返さない。

(3)
気□の変化。
事□の理由。

(4)
□験を生かす。
円の直□。

(5)
原□を調べる。
利□が上がる。

(6)
絵の□のうがある。
落ち着いた□度。

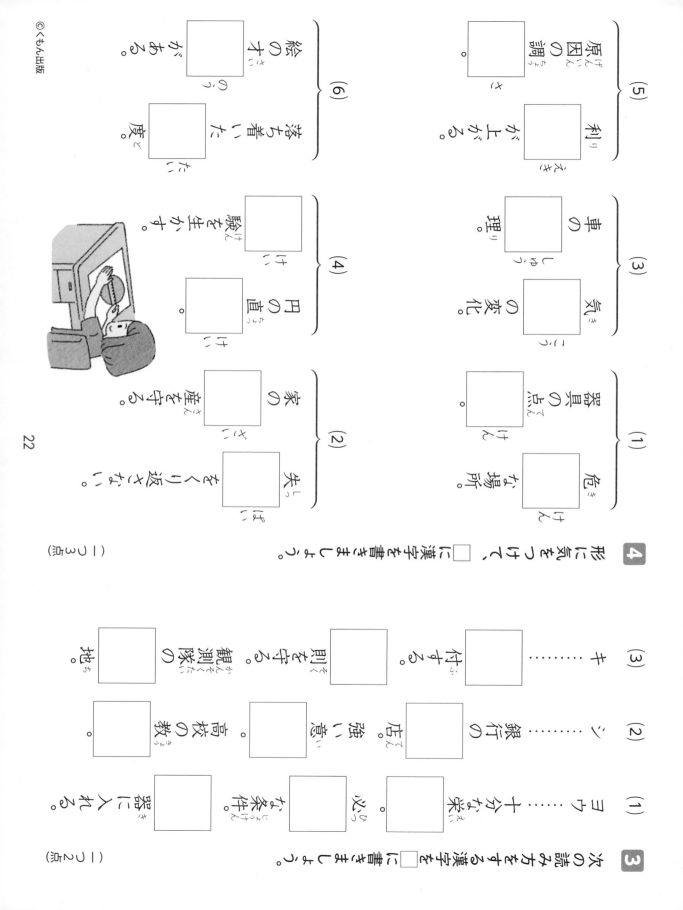

3　次の読み方をする漢字を□に書きましょう。　(1つ2点)

(1) ヨ
　ウ ……
十分な栄□。
□器に入れる。

(2) シ ……
銀行の□店。
観測隊の数。

(3) キ ……
付□する。
□則を守る。
高校の数□の地。

基本テストできなかった問題のチェックだよ。できなかった問題はしっかり学習してから完成テストをやろう！

得点 ／100点

関連ドリル ●漢字

1 〈二通りの漢字の読み〉

次の――線の漢字の読み方を書きましょう。 (一つ3点)

24点

全部できたら

(1)
- 席を 設（　）ける。
- 家を 設計（　）する。

(2)
- 司会を 務（　）める。
- 任務（　）を果たす。

(3)
- 農業を 営（　）む。
- 店の 営業（　）時間。

(4)
- 生徒を 率（　）いる。
- 能率（　）が上がる。

2 〈漢字の書き〉

次の□に漢字を書きましょう。 (一つ3点)

18点

全部できたら

(1) ［ぜい］をおさめる。

(2) 長い文章を［りゃく］す。

(3) ［つね］に努力する。

(4) きのこを［と］る。

(5) 水の量が［　］く。

(6) 木の根が［　］は［　］る。

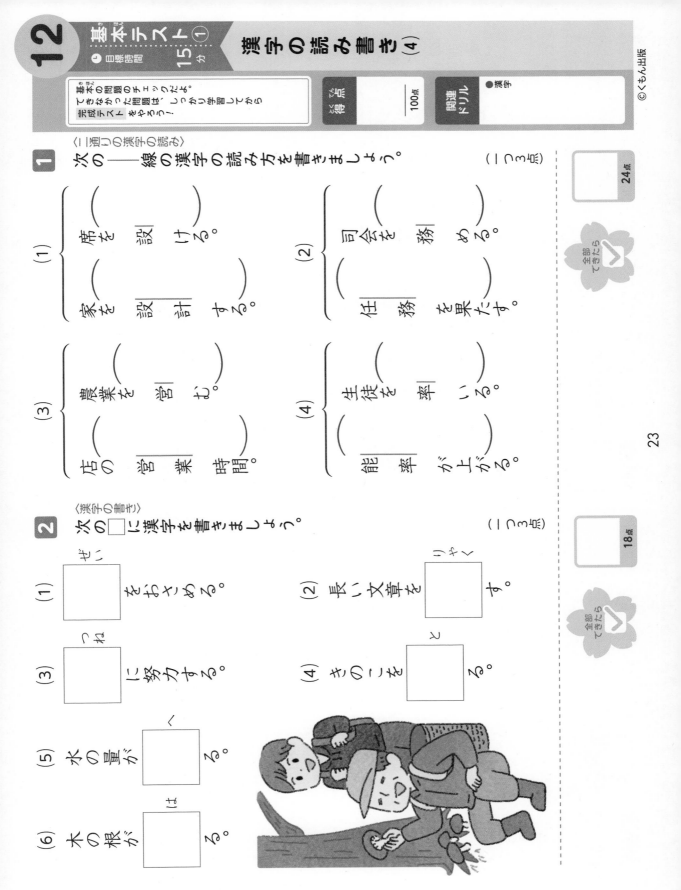

24

4

次の□に漢字を書きましょう。
〈つかう言葉〉

（1つ4点）　40点

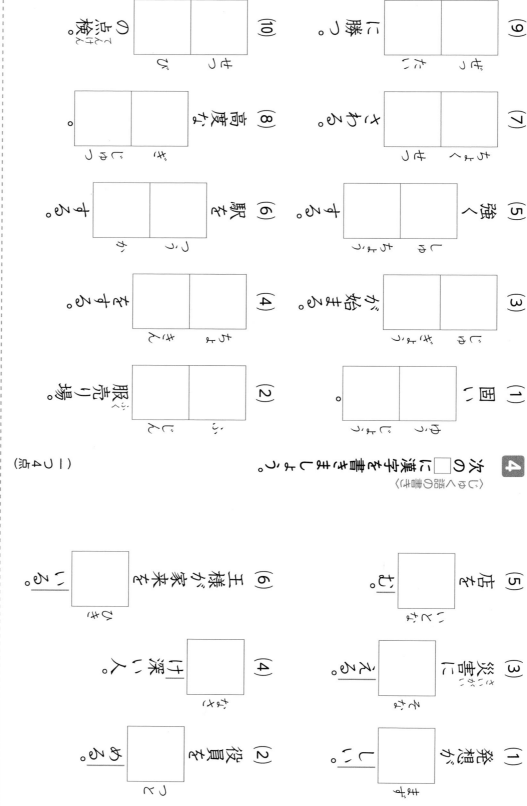

(1) □□い国。

(2) 服売り場。

(3) □□が始まる。

(4) □□をする。

(5) 強く□□する。

(6) 駅を□□する。

(7) □□にさわる。

(8) 高度な□□。

(9) □□に勝つ。

(10) □□の点検。

3

——線のかなに気をつけて□に漢字を書きましょう。
〈送りがなのある漢字〉

（1つ3点）　18点

(1) 発想が□かびます。

(2) 役員を□とめる。

(3) 災害に□なえる。

(4) 罪深い□な人。

(5) 店を□む。

(6) 王様が家来を□きいる。

基本の問題のチェックだよ。
できなかった問題はしっかり学習してから
完成テストをやろう！

得点 ／100点　　関連ドリル ●漢字

〈何通りかの漢字の読み〉

1 次の──線の漢字の読み方を書きましょう。　（一つ3点）

21点

（1）
（　）問題を解く。
（　）文章を理解する。

（2）
（　）犬を飼う。
（　）飼育係になる。

（3）
（　）粉ミルクの利用。
（　）小麦粉をまぶす。
（　）粉末の薬。

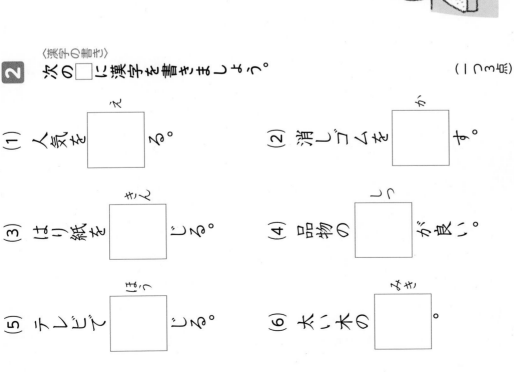

〈漢字の書き〉

2 次の□に漢字を書きましょう。　（一つ3点）

18点

（1）人気を□え（る）。

（2）消しゴムを□か（す）。

（3）はり紙を□さん（じる）。

（4）品物の□しつが良い。

（5）テレビで□ほう（じる）。

（6）大きな木の□みき。

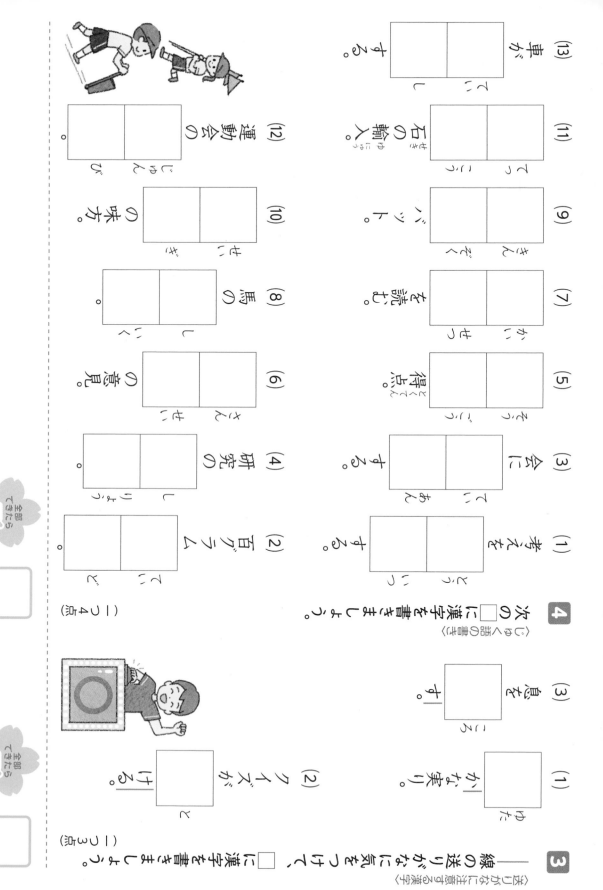

4 次の□に漢字を書きましょう。
〈じゅく語の書き〉
（1つ4点）　52点

（1）考えを　□□　する。　とう・ろん

（2）百□□。　か・ど

（3）会に　□□　する。　しゅっ・せき

（4）研究の　□□。　し・りょう

（5）□□得点。　ごう・けい

（6）□□の意見。　さん・せい

（7）□□を読む。　か・し

（8）馬の　□□。　さん・び

（9）□□バット。　きん・ぞく

（10）□□の味方。　せい・ぎ

（11）右□の輪人。　せき・ゆ

（12）運動会の　□□び。　じゅん・び

（13）車が　□□　する。　こう・てん

3 ——線の送りがなに注意する漢字を、□に漢字を書きましょう。
〈送りがな〉
（1つ3点）　9点

（1）□かな実り。　ゆた

（2）アイスがとける。　□ける　と

（3）息を□す。　だ

14 完成テスト ●目標時間 15分

漢字の読み書き(4)

合格 ●基本テストで復習しよう 復習のめやす・基本テスト・関連ドリルなどでしっかり復習しよう!

100点 80点 0点

得点 100点

関連ドリル ●漢字

© くもん出版

1 ──線のことばを漢字と送りがなで書きましょう。 (一つ4点)

(1) ゆたかな自然。

(　　　　　　　　　)

(2) 家をくごてがいむ。

(　　　　　　　　　)

(3) クラス委員をつとめる。

(　　　　　　　　　)

(4) 消火器をそなえる。

(　　　　　　　　　)

(5) なさけ深い行い。

(　　　　　　　　　)

(6) むずかしい問題がとける。

(　　　　　　　　　)

(7) 文ぼう具店をいとなむ。

(　　　　　　　　　)

(8) 野球チームをひきいる。

(　　　　　　　　　)

2 次の読み方をする漢字を□に書きましょう。 (一つ2点)

(1) キン……通行 □ 止の道。四月の平 □ 気温。

(2) テイ………宿題を □ 出する。旅行の日 □ 。

(3) シ…………うさぎの □ 育。川の □ 流。音楽の教 □ 。

©くもん出版

4 形に気をつけて、□に漢字を書きましょう。 (1つ3点)

(5)
本を□し出す。
問に答える。
想像力が□き□ます。
料を集める。

(3)
伝□□を受けつぐ。
得点を合□□する。

(4)
箱の面□□。
星の観□□。

(1)
主□□を述べる。
□□に書く。
手□□

(2)
ビ□□を打つ。
正□□く
卒□式で校歌を歌う。

28

3 次の読み方をする漢字を□に書きましょう。 (1つ2点)

(3) ジョウ……
□書きが□□。
□□日。
天気□□。

(2) ホウ……
□帯を□□まく。
富□□な水。
生活□□感を表す。

(1) カイ……
□種改良
軽□□な音楽を□□理する。

基本の問題のチェックだよ。
できなかった問題はしっかり学習してから
完成テストをやろう！

得点 ／100点

関連ドリル ●漢字

©くもん出版

〈二通りの漢字の読み〉

1 次の――線の漢字の読み方を書きましょう。 (一つ3点)

24点

全部できたら ✓

(1)
家と家の（　　　）境。
静かなかん（　　　）境。

(2)
ボールを打つ構（　　　）え。
作文の構（　　　）成。

(3)
くつが足に慣（　　　）れる。
歯をみがく習慣（　　　）。

(4)
勢（　　　）いよく投げる。
姿勢（　　　）を正す。

〈漢字の書き〉

2 次の□に漢字を書きましょう。 (一つ3点)

21点

全部できたら ✓

(1) お□(はか)参り。

(2) 運動に□(てき)した服。

(3) 広い□(ぞう)木林。

(4) 血液□(がた)を調べる。

(5) 寺の本□(どう)。

(6) しょう来の□(ゆめ)。

(7) 役を□(えん)じる。

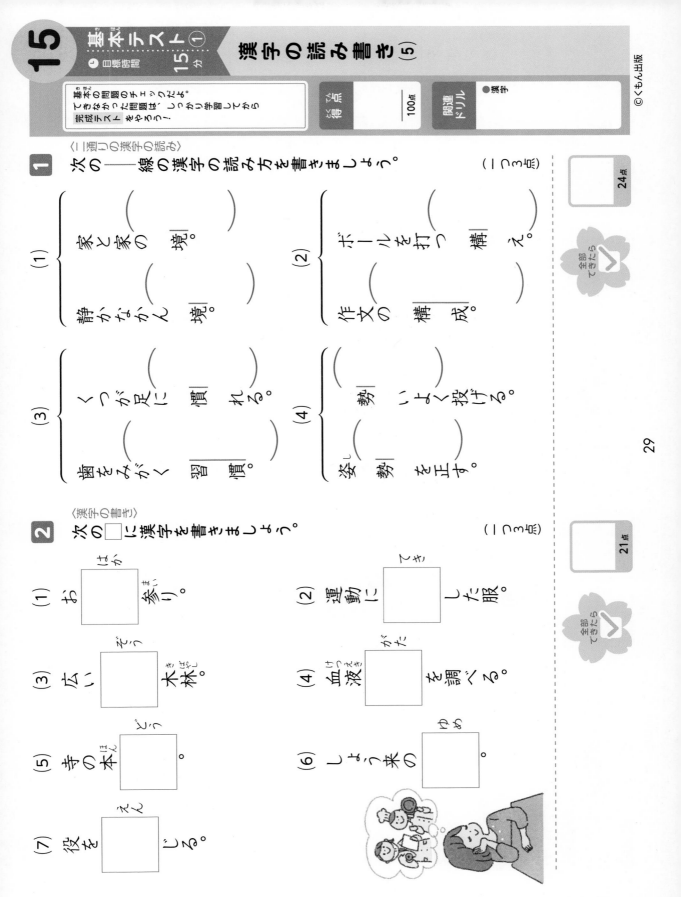

© くもん出版

4 次の□に漢字を書きましょう。 〈同じ読み方の言葉〉 （1つ4点）

40点

（1）□□機の着陸。

（2）生産量の□□。

（3）□□空港。

（4）台風による□□。

（5）□□をする。

（6）□□な機械。

（7）□□をかえる。

（8）強い□□力。

（9）大学の□□を建てる。

（10）□□。

3 ──線の送りがなに気をつけて、□に漢字を書きましょう。 〈送りがなに注意する漢字〉 （1つ3点）

15点

（1）体重が□える。

（2）作業に□れる。

（3）成功を□ぶ。

（4）川の水が□い。

（5）バットを□える。

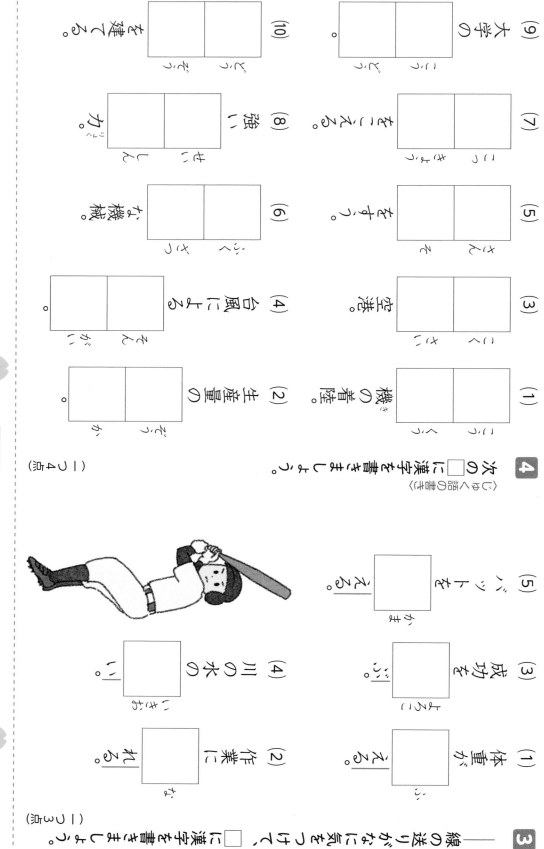

©くもん出版

基本テストだよ。できなかった問題のチェックだよ。できなかった問題は、しっかり学習してから完成テストをやろう！

得点 ／100点

関連ドリル ●漢字

〈二通りの漢字の読み〉

1 次の──線の漢字の読み方を書きましょう。 (一つ3点)

24点

全部できたら

(1)
（　　　）
確かな話。
（　　　）
成功を確信する。

(2)
（　　　）
熱戦に興ふんする。
（　　　）
興味がわく。

(3)
（　　　）
たきぎが燃える。
（　　　）
車の燃料。

(4)
（　　　）
セーターを編む。
（　　　）
編集の作業。

〈漢字の書き〉

2 次の□に漢字を書きましょう。 (一つ3点)

18点

全部できたら

(1) わた のような雪。

(2) 感 し のいとば。

(3) ひたい にあせをかく。

(4) 台風による ぼう 風雨。

(5) 布を ぬ お る。

(6) 車の ゆ 出入。

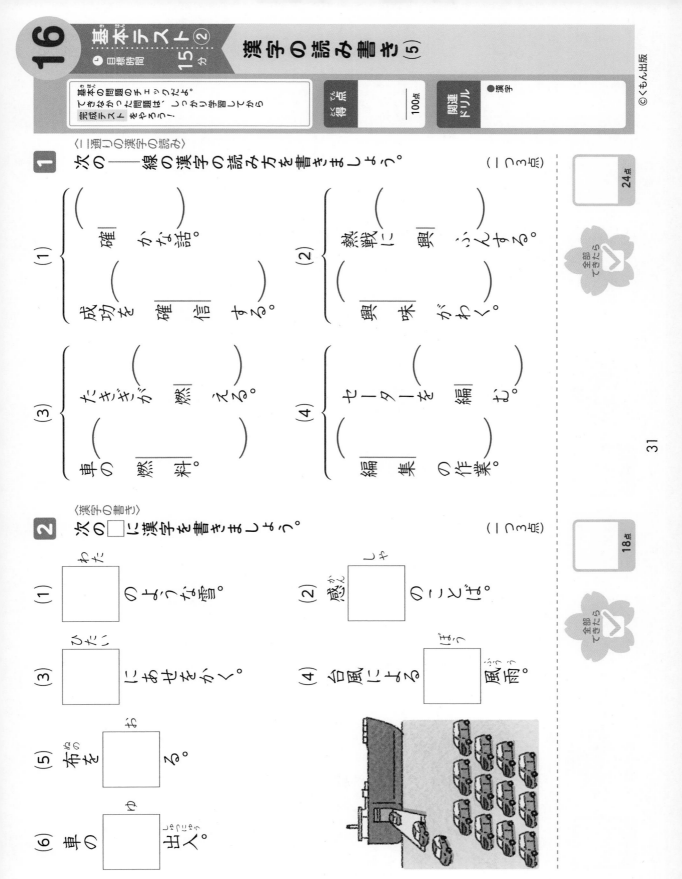

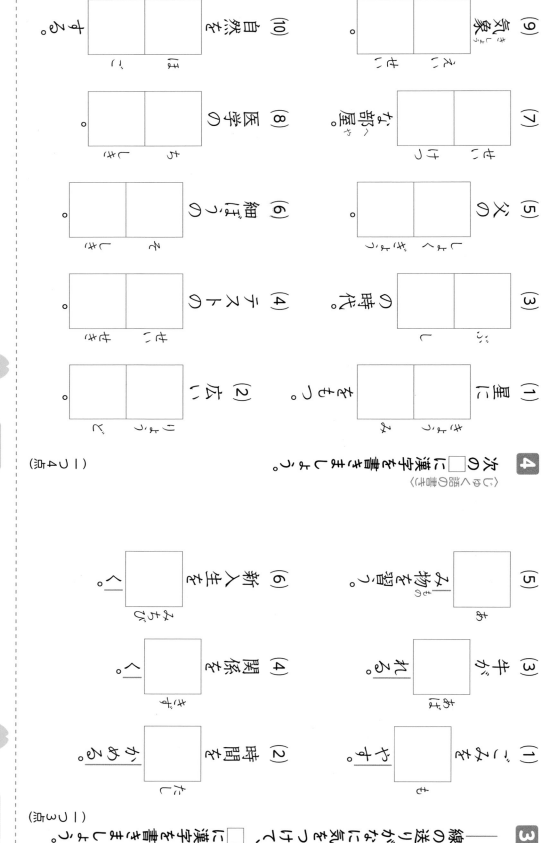

4 次の□につなぐ漢字を書きましょう。
〈つなぐ語〉 40点 全部できたら◎

(1) 星に□□を。
(2) □□広い。
(3) □□の時代。
(4) □□テストの。
(5) 父の□□。
(6) 細□の。
(7) □□な部屋。
(8) 医学の□□。
(9) 気象□□する。
(10) 自然を□□する。

（一つ4点）

3 ──線のかなづかいに気をつけて、□に漢字を書きましょう。
〈正しく書ける漢字〉 18点 全部できたら◎

(1) □をもいる。
(2) 時間を□かる。
(3) 牛が□れる。
(4) 関係を□す。
(5) み物を習う。
(6) 新人生を□ぶ。

（一つ3点）

© くもん出版

©くもん出版

合格
100点 80点 0点
●復習のめやす
基本テスト・関連ドリルなどで復習しよう！

得点

100点

関連ドリル
●漢字

1 ——線のことばを漢字と送りがなで書きましょう。 (一つ4点)

(1) ろうそくが<u>もえる</u>。

（　　　　　　　）

(2) 新しい学校に<u>なれる</u>。

（　　　　　　　）

(3) 仕事を<u>まかせる</u>。

（　　　　　　　）

(4) <u>いきおいよく</u>走る。

（　　　　　　　）

(5) 電話番号を<u>たしかめる</u>。

（　　　　　　　）

(6) 大きな城を<u>きずく</u>。

（　　　　　　　）

(7) 駅前に店を<u>かまえる</u>。

（　　　　　　　）

(8) 先生が児童を<u>みちびく</u>。

（　　　　　　　）

2 次の読み方をする漢字を□に書きましょう。 (一つ2点)

(1) セイ ……… 国の□治。高校の□服。スポーツマン□神。

(2) キョウ …… 望遠□をのぞく。自然かん□。

(3) ケン ……… 危□な場所。機器の点□。

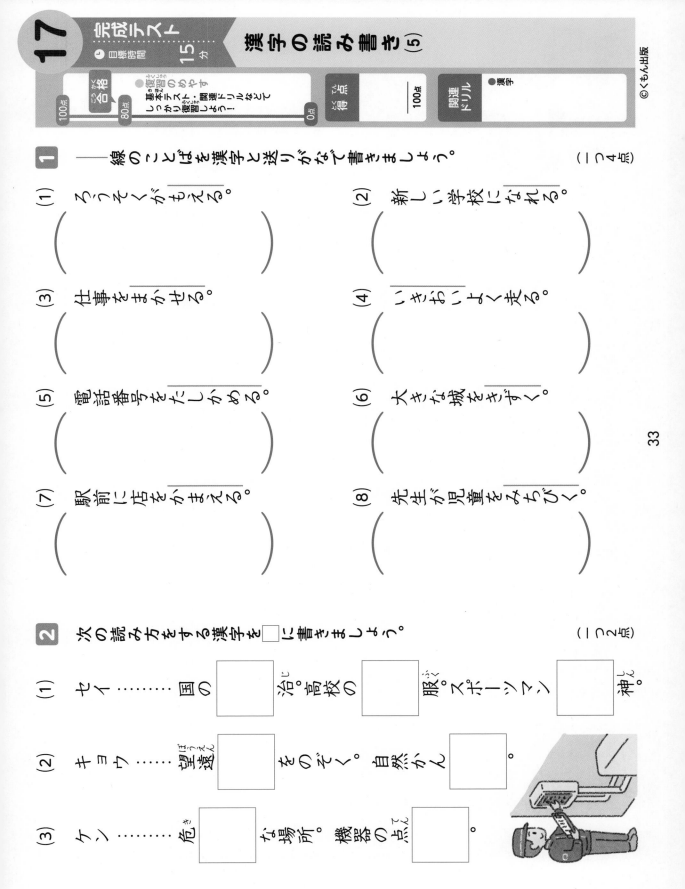

33

34

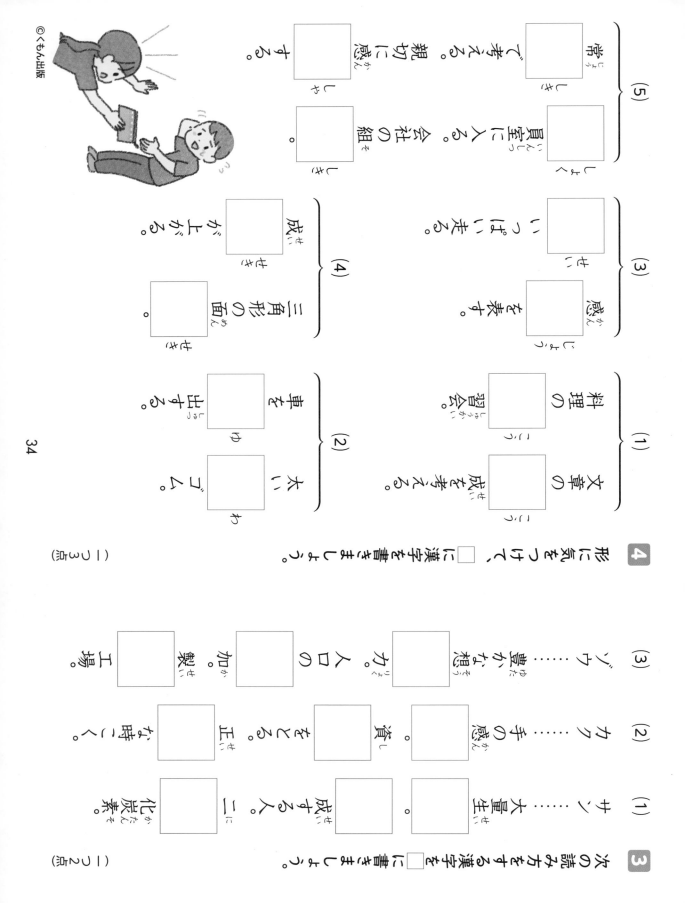

4 形に気をつけて、□に漢字を書きましょう。 （1つ3点）

(1) 料理の□（こう）習会。 ／ 文章の□成を考える。

(2) 車を□出する。 ／ 木に□る。

(3) □いっぱいに工夫する。 ／ 感□を表す。

(4) □（せい）が上がる。 ／ 三角形の面□（せき）。

(5) 常（じょう）に□で考える。親切に感じる。 ／ 会社の組□に入る。買い□に…。

3 次の読み方をする漢字を□に書きましょう。 （1つ2点）

(1) サ …… 大量生□する。
    ソ …… 化□素。二□化炭素。

(2) カ …… 手の感□。力を□える。
    ウ …… 資□をととのえる。正しく。

(3) ゾ …… 豊かな想□。製□工場。
    ウ …… 人□をとる。成□する人。二に…。正□な時□へ。

基本テストは、問題のチェックだ。できなかった問題は、しっかり学習してから完成テストをやろう！

得点 100点

●言葉と文 34・36ページ
関連ドリル 46ページ

〈漢字の成り立ち〉

1 次の成り立ちに合う漢字を下から選んで、──線で結びましょう。
（一つ3点）

12点

全部できたら ✓

 言葉と文 46ページ

(1) 物の形を写した絵から作った漢字。・

・⑦ 下・末

(2) 絵にしにくいことがらを図形や記号で表して作った漢字。・

・④ 時・案

(3) 漢字の意味を組み合わせて作った漢字。・

・⑤ 犬・門

(4) 意味を表す部分と音を表す部分とを合わせて作った漢字。・

・① 岩・鳴

〈部首の意味〉

2 次の漢字の部首の意味を後の □ から選んで、記号を書きましょう。
（一つ2点）

10点

全部できたら ✓

 言葉と文 34ページ

(1) 松・梅・枝・桜……（　　）

(2) 室・客・宮・宿……（　　）

(3) 池・海・河・液……（　　）

(4) 投・持・拾・折……（　　）

(5) 鉄・銀・鉱・銅……（　　）

⑦ 手に関係がある。　④ 家や建物に関係がある。

⑤ 水に関係がある。　① 金属（きんぞく）に関係がある。

⑦ 木に関係がある。

5 〈漢字の組み立て〉

次の漢字の組み立てを、部首を使って説明しましょう。

〈例〉読（「ごんべん」を使って読む。）

(1) 板 （　　　　　　）

(2) 働 （　　　　　　）

(3) 破 （　　　　　　）

(4) 鉄 （　　　　　　）

(5) 筆 （　　　　　　）

1つ6点　30点

4 〈音を表す部分〉

次の漢字の音を表す部分の読みがなを書きましょう。

(1) 想 （　　　）　(2) 牧 （　　　）

(3) 清 （　　　）　(4) 格 （　　　）

(5) 救 （　　　）　(6) 銅 （　　　）

1つ4点　24点

3 〈部首と音を表す部分〉

次の漢字の部首を□に、漢字の音を表す部分を〔 〕に書きましょう。

(1) 姉　□ ・〔 　 〕

(2) 週　□ ・〔 　 〕

(3) 球　□ ・〔 　 〕

(4) 府　□ ・〔 　 〕

(5) 照　□ ・〔 　 〕

(6) 管　□ ・〔 　 〕

部首　音を表す部分

1つ2点　24点

ことばのきまり(1)
・漢字辞典の使い方

基本てきな問題のチェックだよ。
できなかった問題はしっかり学習してから
完成テスト をやろう！

得点　100点

関連ドリル　●言葉と文　43・44ページ

---

1 〈漢字辞典の引き方(1)〉

次のようなとき、漢字辞典のどのさくいんで調べますか。
□から選んで、記号を書きましょう。　（一つ2点）

12点

(1) 漢字の部首が分かっているとき。 ……………………（　）

(2) 漢字の読み方が分かっているとき。 …………………（　）

(3) 漢字の部首も読みも分からないとき。 ………………（　）

(4) 「練」の読み方「レン」を知っているとき。 ………（　）

(5) 「練」の部首「いとへん」を知っているとき。 ……（　）

(6) 「練」の部首も読み方も分からないので、
総画数で調べるとき。 …………（　）

全部できたら ✓

言葉と文 43ページ

```
⑦ 部首さくいん　  ① 音訓さくいん　  ⑦ 総画さくいん
```

---

2 〈部首と部首名〉

次の漢字の部首を□に、部首名を（　）に書きましょう。
　（一つ1点）

20点

(1) 泣　部首□・部首名（　　　）

(2) 仲　部首□・部首名（　　　）

(3) 折　□・（　　　）

(4) 芸　□・（　　　）

(5) 訓　□・（　　　）

(6) 官　□・（　　　）

(7) 松　□・（　　　）

(8) 連　□・（　　　）

(9) 開　□・（　　　）

(10) 散　□・（　　　）

全部できたら ✓

3 〈総画数〉
次の漢字の総画数を書きましょう。

(1) 写 〔 〕　(4) 好 〔 〕　(7) 能 〔 〕

(2) 報 〔 〕　(5) 破 〔 〕　(8) 印 〔 〕

(3) 居 〔 〕　(6) 究 〔 〕

16点

4 〈部首の画数〉
次の漢字の部首の画数を書きましょう。

(1) 効 〔 〕　(4) 運 〔 〕　(7) 殺 〔 〕

(2) 完 〔 〕　(5) 福 〔 〕　(8) 登 〔 〕

(3) 部 〔 〕　(6) 脈 〔 〕　(9) 関 〔 〕

(1つ3点) 27点

5 漢字辞典に出ている順（ならんでいる順）に、番号をつけましょう。

〈例〉 記（1） 読（3） 話（2）

(1) 他（ ） 伝（ ） 化（ ）

(2) 遊（ ） 追（ ） 迷（ ）

(3) 寒（ ） 安（ ） 宮（ ） 客（ ）

(4) 荷（ ） 葉（ ） 菜（ ） 案（ ）

(5) 極（ ） 梅（ ） 械（ ） 栄（ ）

(全部できて1つ5点) 25点

言葉とく 43ページ　全部できたら✓

言葉とく 44ページ　全部できたら✓

言葉とく 44ページ　全部できたら✓

20

完成テスト

⏱ 目標時間 **30**分

ことばのきまり (1)

・漢字の成り立ち
・漢字辞典の使い方

© くもん出版

合格

100点　80点　　　　0点

●復習のめやす
基本テスト・関連ドリルなどで復習しようか！

得点

100点

関連ドリル

●言葉と文
34・36ページ
43・44ページ

1 次の漢字の部首を□に、漢字の音の読みがなを（ ）に書きましょう。

（1つ1点）

(1) 課　部首□・音の読みがな（ ）

(2) 健　部首□・音の読みがな（ ）

(3) 冷　□・（ ）

(4) 授　□・（ ）

(5) 積　□・（ ）

(6) 志　□・（ ）

(7) 館　□・（ ）

(8) 故　□・（ ）

(9) 際　□・（ ）

(10) 張　□・（ ）

2 次の説明に合う漢字を□に書きましょう。

（1つ5点）

〈例〉　いとくんに会う。→ 絵

(1) くきがんむりに古い。→ □

(2) しんにゅうに刀。→ □

(3) さんずいに去る。→ □

(4) にんべんに困い。→ □

(5) こめくんに分ける。→ □

5 漢字辞典に出ている順（総画数の少ない順）に、番号をつけましょう。（全部できて5つ1点）

(1)
似 保 仏 価 仮
（　）（　）（　）（　）（　）

(2)
過 造 迷 述 適
（　）（　）（　）（　）（　）

(3)
河 洋 測 漢 混
（　）（　）（　）（　）（　）

---

4 次の漢字の部首を □ に、部首の画数を〔　〕に書きましょう。（1つ1点）

(1)刊　〔　〕・□
(3)均　〔　〕・□
(5)政　〔　〕・□
(7)複　〔　〕・□

(2)原　〔　〕・□
(4)建　〔　〕・□
(6)部　〔　〕・□
(8)順　〔　〕・□

部首の画数・部首　部首の画数・部首

---

3 次の漢字の総画数を書きましょう。（1つ2点）

(1)比　〔　〕
(2)世　〔　〕
(3)争　〔　〕
(4)犯　〔　〕
(5)局　〔　〕
(6)努　〔　〕
(7)序　〔　〕
(8)逆　〔　〕
(9)航　〔　〕
(10)留　〔　〕
(11)館　〔　〕
(12)極　〔　〕

基本な問題のチェックだよ。
できなかった問題はしっかり学習してから
完成テスト をやろう！

得点 ／100点

関連ドリル ●言葉と文 23・24ページ

1 〈和語・漢語・外来語〉
「和語」「漢語」「外来語」の意味に合うものを下から選んで、──線で結びましょう。 （一つ4点）

12点

(1) 和 語 ・

(2) 漢 語 ・

(3) 外来語 ・

・ 主に、西洋の国々から入ってきたことば。

・ もともと日本にあったことばで、訓読みをすることば。

・ 昔、中国から入ってきたことばで、音読みをすることば。

2 〈和語・漢語・外来語の分類〉
次のことばで、和語には「和」、漢語には「漢」、外来語には「外」を書きましょう。 （一つ3点）

18点

(1) 決定 ……（　　）

(2) ペン ……（　　）

(3) キャンプ …（　　）

(4) 折り紙 ……（　　）

(5) 給食 ……（　　）

(6) 緑色（みどりいろ） ……（　　）

3 〈意味の似たことば〉
次のことばと意味の似たことばを一つ選んで、○をつけましょう。 （一つ3点）

12点

(1) クラス {
（　）学級
（　）学年
（　）学校
}

(2) 図表 {
（　）グラム
（　）クラブ
（　）グラフ
}

(3) ルール {
（　）約束
（　）規則（きそく）
（　）習慣（しゅうかん）
}

(4) 果物（くだもの） {
（　）フルーツ
（　）サルート
（　）デザート
}

©くもん出版

6 〈和語・漢語・外来語の書きかえ〉
□の和語・漢語・外来語のことばを、〈　〉のことばに書きかえます。後の□から選んで書きましょう。（1つ4点）

全部できたら〇　8点

(1) みんなで ランチ を食べる。〈漢語〉 → （　　　　）

(2) 野球の ボール を投げる。〈和語〉 → （　　　　）

昼ご飯 ・ 昼食 ・ 昼食 ・ 球 ・ 球 ・ 球形

---

5 〈ことばの組み立て〉
次の□の組み立てに合うことばを、後の□から選んで、記号を書きましょう。（1つ3点）

全部できたら〇　30点

(1) 「和語」と「漢語」…………（　　）・（　　）
(2) 「和語」と「漢語」…………（　　）・（　　）
(3) 「漢語」と「漢語」…………（　　）・（　　）
(4) 「漢語」と「外来語」………（　　）・（　　）
(5) 「漢語」と「外来語」………（　　）・（　　）

⑦ 雨具	⑦ 料理	⑦ 目印
⑦ 下書き	⑦ 消しゴム	⑦ 金メダル
⑦ 食パン	⑦ 黒板	⑦ 手帳
⑦ 金メダル	⑦ 紙コップ	

（記号：ア 雨具　イ 下書き　ウ 料理　エ 消しゴム　オ 紙コップ　カ 黒板　キ 食パン　ク 目印　ケ 金メダル　コ 手帳）

---

4 〈和語・漢語・外来語の書きかえ〉
次の□の和語・漢語・外来語に合うことばを書いて、表を完成させましょう。（1つ5点）

全部できたら〇　20点

和語	漢語	外来語
宿屋	旅館	(1)
速さ	速度	(2)
(3)		デート
(4)		ステイ

🕐目標時間 **20**分

基本の問題のチェックだよ。できなかった問題は、しっかり学習してから **完成テスト** をやろう！

得点 ／100点

関連ドリル ●言葉と文 ●文章の読解 3963〜4664ページ

©くもん出版

〈つなぎことば〉

1 （　）に合うつなぎことばを、後の□から選んで書きましょう。
（一つ4点） 8点

(1) 雨がはげしくふりだした。（　　　）、風もふきだした。

> しかし ・ または ・ さらに

(2) 読めない漢字があった。（　　　）、辞書で調べてみた。

> なお ・ だから ・ ところで

全部できたら ✓ 言葉と文 **63・64**ページ 文章の読解 **39〜46**ページ

〈つなぎことば〉

2 （　）に合うつなぎことばを、後の□から選んで書きましょう。
（一つ4点） 12点

(1) 暑い日だった（　　　）、たくさんあせをかいた。

(2) 弟は笑い（　　　）、学校の話をした。

(3) ホームランを打った（　　　）、試合は負けてしまった。

> と ・ から ・ のに ・ ながら

全部できたら ✓ 言葉と文 **63・64**ページ 文章の読解 **39〜46**ページ

15点

〈つなぎことばの使い方〉

3 上の絵を見て、次のことばに続く文を作りましょう。 （15点）

○ 毎日、花だんに水をまいた。

[すると、 　　　　　　　　　　　　　　　　　　　]

全部できたら ✓ 言葉と文 **63・64**ページ

6 〈「だから」「けれど」のつかい方〉　30点　🌸全部できたら✓　🔍言葉と文 63・64ページ

次の二つの文を、「だから」「けれど」のどちらかを使って、一つの文に合わせて書きましょう。

(1) 1つ15点

目覚まし時計がこわれたので、修理してもらった。

〔　　　　　　　　　　　　〕

(2) 家族で海に行ったが、波が高くて泳げなかった。

〔　　　　　　　　　　　　〕

---

5 〈「だから」「けれど」のつかい方〉　15点　🌸全部できたら✓　🔍言葉と文 63・64ページ

次の□の言葉につづけて、同じ意味のつながりになるのはどれですか。後の〔　〕から選んで、○で囲みましょう。

(1) 1つ5点

部屋が暗くなった□ので、電気をつけた。

〔　ので　・　から　・　けれども　〕

(2) 鉄ぼうの練習をした□が、一回もすることができなかった。

〔　から　・　ので　・　けれども　〕

(3) わたしは絵を見るのも好きだ□し、また、だれかに教えるのも好きだ。

〔　が　・　から　・　し　〕

---

4 〈「て」「で」のつかい方〉　20点　🌸全部できたら✓　🔍言葉と文 63・64ページ

①・②の□に入る気持ちを表す言葉を、それぞれ「て」か「で」のどちらかに書きましょう。

(1) 1つ5点

毎日、入れる気持ちを表すには、「て」「で」のどちらに書きましょう。

① みんなで合唱の練習をしたので、三位になった。

② うれしくて、□

(2)

① 満足な気持ち

② 不満な気持ち

① おもしろい本を見つけた。

② すぐに読み終えてしまった。

●言葉と文 39 63 23 ～ 46 64 24 ページ
●文章の読解

©くもん出版

合格 80点
100点 得点 100点
関連ドリル

1 次のことばと意味の似たことばを一つ選んで、○をつけましょう。(一つ2点)

(1) 伝える
- ア（ ）伝記
- イ（ ）伝達
- ウ（ ）伝説

(2) 年寄り
- ア（ ）老化
- イ（ ）老後
- ウ（ ）老人

2 次のことばの組み立てを下の □ から選んで、記号を書きましょう。(一つ3点)

(1) 区別（ ）　　(2) 輪ゴム（ ）

(3) 係員（ ）　　(4) 品物（ ）

(5) 油絵（ ）　　(6) クラス会（ ）

(7) 関係（ ）　　(8) 街角（ ）

- ㋐ 和語と和語
- ㋑ 和語と漢語
- ㋒ 漢語と漢語
- ㋓ 和語と外来語
- ㋔ 外来語と漢語

3 □ のことばを、〈 〉のことばに書きかえましょう。(一つ6点)

(1) 風景を 写真機 でとる。〈外来語〉 ➡ （ ）

(2) 足の サイズ を測る。〈和語〉 ➡ （ ）

(3) ちゅう を温める。〈外来語〉 ➡ （ ）

(4) 高校の入学 テスト の日。〈漢語〉 ➡ （ ）

(5) 公園の 長いす にすわる。〈外来語〉 ➡ （ ）

45

5 つぎの□には、「で・ても・ただ・たり」のうち、合うことばを使って、□の文に合うことばを使って、りかえましょう。

（1つ7点）

(1) 大声で何回もよんだのに、兄はぜんぜん気づかなかった。

[   ]

(2) ホームランを打つと、大きなかん声が上がった。

[   ]

(3) 今日の授業の復習もしたし、明日の授業の予習もした。

[   ]

---

4 上の絵を見て、──線のことばに続く文を作りましょう。

（1つ7点）

(1)

おなかがすいたから、

[   ]

(2)

父が投げ方を教えてくれたので、

[   ]

(3)

夜空を見上げたが、

[   ]

・敬語

基本の問題のチェックだよ。
できなかった問題は、しっかり学習してから
完成テストをやろう！

得点 ／100点

●言葉と文 75〜78ページ

©くもん出版

1 〈敬語〉
次の文中の敬語の部分すべてに、——線を引きましょう。
（一つ2点）

12点

(1) 校長先生が、朝の集会でお話をなさる。

(2) 父の大切なお客様が、これからいらっしゃる。

(3) 先生が、わざわざ駅までむかえにきてくださった。

(4) 先生の家で、おいしい夕食をいただいた。

言葉と文 75〜78ページ

2 〈敬語〉
文に合うほうのことばを選んで、◯でかこみましょう。
（一つ4点）

8点

(1) 先生がわたしのために本を { 貸してくれた。
貸してくださった。

(2) たん生日に、妹からカードを { もらった。
いただいた。

言葉と文 75〜78ページ

3 〈ていねいな言い方〉
——線の部分を、「です」「ます」を使ったていねいな言い方に
書きかえましょう。
（一つ8点）

32点

(1) 遠くに見える建物は、図書館だ。（　　　　　　）

(2) 学校が終わったら、校庭で遊ぼう。（　　　　　　）

(3) 白い犬が、家の前ですわった。（　　　　　　）

(4) わたしのかさが見つからない。（　　　　　　）

言葉と文 75〜78ページ

47

6 〈敬語の使い方〉
——線のことばが正しく使えているものには〇、正しくないものは正しく書き直しましょう。(1つ8点)

〈例〉友達が家にいらっしゃる。(来る)

(1) 先生が、答えをていねいに教えてくれた。( )

(2) ぼくは、妹がかいた絵をごらんになった。( )

(3) 弟は、友達におみやげをいただいた。( )

---

5 〈敬語の使い方〉
——線のことばを、□の敬語を後から選んで書きましょう。(1つ4点)

いただく	なさる
うかがう ・	めしあがる
へ ・	もうしあげる
おっしゃる	いらっしゃる

(1) 遠くに親せきの人が、たずねて来る。( )

(2) 校長先生の話を静かに聞く。( )

(3) お客様が、おかしを少し食べる。( )

(4) 父の友人に、伝言を言う。( )

48

---

4 〈敬語の意味〉
——線の敬語の意味を、ふつうの言い方に書きかえましょう。(1つ4点)

(1) 弟が公園へ行かれた。( )

(2) 友達が説明された。( )

基本の問題のチェックだよ。
できなかった問題は、しっかり学習してから
完成テストをやろう！

得点　　／100点

● 言葉と文 53〜55・54〜56ページ

〈正しいかなづかい〉

1 （　）から、かなづかいのまちがっていることばを１つずつ選んで、（　）に正しく書き直しましょう。　(1つ3点)　6点

(1) { とうげ ・ じつき / とうり ・ じつわ }　（　　　　）

(2) { かなづち ・ いづつみ / じづかい ・ うなづく }　（　　　　）

〈かなづかいに注意することば〉

2 ――線の漢字を、ひらがなで書きましょう。　(1つ2点)　16点

(1) { 作り方（　　　　）/ 手作り（　　　　）}　　(2) { 月日（　　　　）/ 三日月（　　　　）}

(3) { 地球（　　　　）/ 地面（　　　　）}　　(4) { 近道（　　　　）/ 身近（　　　　）}

〈まちがえやすいかなづかい〉

3 かなづかいのまちがっている字すべてに×をつけ、右側に正しい字を書きましょう。　(1つ3点)　21点

〈例〉 こおろぎの 笑がおに 木箱を 作った。

(1) 方位ぢしゃくを使って、南の方向えと歩いてみた。

(2) 駅前の広こうおろは、いつもちゅうだった。

(3) きのおの夜、田中さんとゆう男の人が父をだづねてきた。

6

〈正しい送りがなに なる ように、——線を引き、右側に正しい送りがなの ついた ことばを、書きましょう。〉(一つ3点)

〈例〉厚い 本を 重ねる。 → 厚く

(1) 別れた 友だちに 三年ぶりに 再び 会った。

(2) 険しい 山道を、重い 荷物を しょって 登る。

(3) 借りた 物は、必ず すぐに 返す ことに して いる。

言葉と文 53・54ページ　全部できたら ◎　21点

5

〈正しい送りがなに なる ように、——線の ことばの 送りがなを 書きましょう。〉(一つ4点)

(5) 時間を 確たしかめる。(　　)

(3) 断ことわる。(　　)

(1) 紙が 破やぶれる。(　　)

(6) 気持ちを 改あらためる。(　　)

(4) 失敗を ... 機会を ...(　　)

(2) 役員を 務つとめる。(　　)

言葉と文 53・54ページ　全部できたら ◎　24点

4

〈正しい送りがなは どちらですか。正しい ほうを 一つ 選んで、○を つけましょう。〉(一つ3点)

(3) ア(　)現わす　イ(　)現す　ウ(　)現す
(1) ア(　)等しい　イ(　)等い　ウ(　)等しい

(4) ア(　)勇しい　イ(　)勇ましい　ウ(　)勇ましい
(2) ア(　)善い　イ(　)善い　ウ(　)善しい

言葉と文 53・54ページ　全部できたら ◎　12点

1 ——線の敬語の意味を一つ選んで、○をつけましょう。 （一つ5点）

(1) 先生が<u>おっしゃる</u>。

ア（　）言う

イ（　）いる

ウ（　）きく

(2) 先生の都合を<u>うかがう</u>。

ア（　）見る

イ（　）きく

ウ（　）考える

(3) 明日そちらに<u>参ります</u>。

ア（　）きく

イ（　）来る

ウ（　）行く

(4) お客様が<u>みえる</u>時についた。

ア（　）見る

イ（　）来る

ウ（　）行く

2 次の文中の「山田君」を「先生」に変えて、——線の部分を敬語を使った言い方に書きかえましょう。 （一つ6点）

(1) 山田君は、みんなにプリントを<u>配った</u>。
（　　　　　　　）

(2) 山田君が、こん虫の話を<u>した</u>。
（　　　　　　　）

(3) 山田君が、母が作ったおかしを<u>食べた</u>。
（　　　　　　　）

(4) 山田君から、国語の辞書を<u>もらった</u>。
（　　　　　　　）

4 次の文章は、まちがって送りがなを書いているところが四つあります。正しく直して、文章の左の□に四つ書きなおしましょう。(1つ4点)

今朝、ぼくが学校へ行くとちゅうで、石につまづいてころんでしまったけれど、兄さんがすぐに助け起こってくれた。

ぼんはわらに石にお拾ってにけってにまったが落してしまった。

3 次の□の漢字の送りがなを書きましょう。(1つ2点)

(1)
{ に…がい　苦　……い ( )
　く…るしい　苦　……しい ( )

(3)
{ お…める　治　……める ( )
　な…おる　治　……る ( )

(5)
{ さ…わ　幸　……せ ( )
　し…あ　幸　……わせ ( )

(2)
{ さ…める　覚　……める ( )
　お…ぼえる　覚　……える ( )

(4)
{ さ…める　冷　……める ( )
　つ…めたい　冷　……たい ( )

(6)
{ つ…れる　連　……れる ( )
　つ…らなる　連　……る ( )

基本の問題のチェックだよ。
できなかった問題はしっかり学習してから
完成テストをやろう！

©くもん出版

〈組み立てを参考えて書く〉

1 次の作文の一部を読んで、後の問題に答えましょう。

文章の読解
69〜74
ページ

40点

① わたしたちの学校では、地いきごとのはん登校をしています。

② わたしたちのはんは、一年生二人と二年生、四年生、そして、五年のわたしの五人です。わたしが上級生なので、はん長をしています。

③ 歩道のない細い道では車に注意しながら歩きます。また、歩道を歩くときも、ほかの人のめいわくにならないように気をつけます。

④ 校門に着いて、
「お姉ちゃん、ありがとう。またあした。」
と言われると、はん長としての責任を果たした安心感と同時に、うれしさがこみ上げてきます。

(1) この作文の「書き出し」と「結び」にあたる部分は、①〜④のどの段落ですか。（一つ10点）

① 書き出し……　□　の段落

② 結び………　□　の段落

(2) 作者が「はん登校」で注意しているのは、どんなことですか。二つのことがらを書きましょう。（一つ10点）

・〔　　　　　　　　　〕

・〔　　　　　　　　　〕

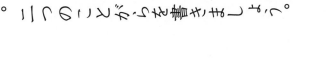

60点

| ６ | ５ | ４ | ３ | ２ | １ |

ぼくの今年の目標は、三

先週の試合から、ぼくたちのチームが、野球が大好きだったので、

キャッチャーが足をくじいてしまったから、何人かがかわってやったけど、次々に打たれて、みんなに注意されてしまったのに、

その後も練習にはげみ、ヨーイドンで交代させられたから、もう少しがんばれなくなってしまった。

ぼくもトーナメントに入りたいと決めて、行うことにした。

その次の日に、

ぜんぜんキャッチャーが入ってきたので、初めてマウンドに立った。

早朝練習はすごくつらいけれど、

（1）
「……」と書き出している作者は作文に
○○ますか。理
由を書きま
しょう。
（15点）

（2）
作文の中に「に」と書いてあることは、その
のは、どんなことですか。
（ ）。（10点）

（3）
結び「……に」は、次
の（①）の試合で、（②）
（③）の、次に（ ）
ジーチ
ますように、
という作者の気持ちを書いて
います。そのとき、作文の主題と
なる文を書きぬきましょう。
（15点）

文章の読解
75〜80ページ

全部できたら
○

28 完成テスト

⏱目標時間 30分

合格

100点 ─ 80点 ─ 0点

●基本テストの復習をしよう
基本テストや関連ドリルなどでしっかり復習しよう

得点 ／100点

関連ドリル

●文章の読解 69〜80ページ

©くもん出版

★ 次のまとめと、作文を読んで、下の問題に答えましょう。

まとめ─ 初め・中・終わりの組み立てを考えて書きます。

初め・終わり…自分の主張の中心を書く。

中 …主張の理由や根拠、予想される反論に対する考えを書く。

※ 1〜4 は段落番号です。

---

1 ぼくは、病院のよび出しは番号がよいと考える。

2 この間、学校の安全教室で、個人情報についての話を聞いた。講師の町田さんは、「インターネットは、だれが見るか分からないものです。名前や住所、電話番号など、個人に関する情報を公開すると、個人が特定され、悪用されるおそれがあります。」とおっしゃっていた。病院も、だれがいるか分からない場所だ。名前も、通院していることも大切な個人情報である。他の人に知られないようにするほうがいいだろう。

---

(1) この作文は、どういう種類の文章ですか。一つ選んで、○をつけましょう。 (15点)

ア（ ） 自分の主張を述べる意見文。

イ（ ） 夏休みに経験したことを書いた体験文。

ウ（ ） 日常の思いをつづった、日常の思いをつづった随筆文。

(2) この作文では、どういうことが主張されていますか。（ ）に合うことばを書きましょう。(一つ10点)

病院の①（　　　　　）は、名前ではなく、②（　　　　　）がよい。

(3) 主張の理由と根拠が書かれているのは、1〜4 のどの段落ですか。 (10点)

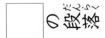の段落

55

③

④ 見のほうは、安全・顔と場所だけで、もしうけいれられたら名前の記入はまだしかたがないが、けがや病気をふせぐことはもっと大切だから、安全を考えて名前をつけていく、という名前。

・いくつかのほうが安全で、顔と場所だけでもしうけいれられたら「会社」にもしられてもしかたがないが、けがや病気をふせぐことはもっと大切だから、名前が会社にもしられてもしかたがない、という名前。

見のほうは、病院で全面と場所に名前にしている。病院の全面で名前にしている。病院の全面でしんぱいがあるだけで、「名前」という名前。

・いくつかのほうが理解できるのがよりとびだしやすいので、とびだしやすいしんぱいがあるだけで、「名前」という持ち物。

・多くの人の個人に大切を比べるのがよりとびだしやすいが、個人情報のほうが安全なので、とびだしやすいしんぱいがあるだけと。

いくつかのほうが安全面で病院の上とびだしを守るとは

---

(4)

ウ（　）　イ（　）　ア（　）

ア で、○を書けばよい③の段落。

イ やすく伝えるための主張をしょうかいして、子想される得なる説とくせる伝えるための主張。

ウ 根きょとなる主張やすく自分の主張しょうかいして、子想される反論に対する自分の考えを加え。

〔15点〕

（5）「名前」はどちらの段落のどれにあてはまりますか。

考え意見を迷いに対しては分りやすいほうとなり、という。

〔20点〕

（6）

・自分の主張をしょうかいする。
・4の書きしょうと、の段落で、

ニは自分の主張をしょうます。１～4の主張の段落。

〔10点〕

□・□ の段落

56

基本の問題のチェックだよ。
できなかった問題はしっかり学習してから
完成テストをやろう！

得点 　　　　/100点

関連ドリル ●文章の読解 69〜80ページ

©くもん出版

〈主題をはっきりさせて書く〉

1 次の作文の一部を読んで、後の問題に答えましょう。

① 先日、新しいノートを買ったら、うらに「再生紙」と印刷してあった。

② 再生紙とは、一度使った紙を、また使えるようにつくり直した紙のことだ。

③ 再生紙を使うことで、新しく木を切る量を少なくすることができるし、ごみの量も減らすことができる。

④ 古新聞や古雑誌だけでなく、牛にゅうなどの紙パックも再生紙に使われることを知り、わたしも、これからは紙パックをすてずに、回しゅう所に出すようにしようと思っている。

(1) 次のことがらは、①〜④のどの段落に書かれていますか。番号を書きましょう。　　（一つ10点）

① 再生紙の意味。………………… ☐

② 再生紙を使うことによる効果。… ☐

(2) この作文の主題は、①〜④のどの段落に書かれていますか。番号を書きましょう。（5点） ☐

(3) この作文の主題を書いた次の文の（ ）に合うことばを書きましょう。　　　　　（一つ10点）

わたしも、これからは①（　　　　　　　　　）をすてずに、

②（　　　　　　　　　）に出すようにしよう。

©くもん出版

2 〈主題を考えて文章を書く〉

次の作文の一部を読んで、後の問題に答えましょう。

──

1　ぼくの住む市内を流れる川に、昨日の夕方、サケが上ってきているのを見つけました。それは上流を知らせるニュースで、ぼくたちの市を流れる川

2　だということがわかりました。サケは川のようすを見ながら、ちょうどよい場所で生まれてくる様子で、ぼくたちの市を流れる川の水はきれいなのだと思いました。

3　それだけがサケが上ってきたことがおどろきではなく、たくさん手をかけてこの川に帰ってきたので、みんなでこの川をきれいにする活動に参加することにしました。

4　川をきれいにする活動に参加することで、サケが少しでも住みやすい川になるように、ぼくたちのできることをしていきたいと思いました。

5　サケとは、川をさかのぼって川の上流でたまごを産み、それをかえして育てていく、ぼくたちの市内の川で見られる魚です。

──

(1) 作者は、「だ・である」という言葉を（　　）ということで書いています。
文が合うことには○を、ちがうことには×を書きましょう。（1つ5点）

ぼくたちは（①　　　）
川に（③　　　）
川で（②　　　）もよいような

(2) 作者が「わかった」と思ったのは、どんなことでしょうか。（10点）

作者が（　　　　　　）ということ。

(3) 作者は、（①　　）を主題に書きました。（①　　）の段落に合っていることは（②　　）のように書いています。（1つ10点）

──

① □ 主題の段落

② 主題
ぼくのサケが少しでも（あ　　）ても、川の（い　　）に参加することにした。

30 完成テスト

目標時間 30分

作文の書き方 (2)
・主題をはっきりさせて

合格
●復習のめやす
100点 80点
基本テスト・関連
ドリルなどで
しっかり復習しよう！
0点

得点

100点

●文章の読解 69～80ページ

©くもん出版

★ 次の作文を読んで、下の問題に答えましょう。

1 クラスをよりよくしていくには、どうすればよいと思いますか。五年生になってから、クラス全員で遊ぶ機会があまりありませんでした。もし、全員が参加できて楽しめる活動をすれば、みんながもっと仲良くなれるのではないかと考えました。

2 そこで、わたしは、レクリエーションの時間にクラス全員でドッジボールをすることを提案したいと思います。

3 理由は二つあります。一つ目は、クラスの中でとても人気がある遊びだということです。実際に、休み時間にドッジボールをしている人はたくさんいます。ルールの説明もいらないし、大勢で行えば、もっと盛り上がると思います。二つ目は、チームの協力が大切な遊びだということです。

(1) 上の作文は、どんなことを目的としたものですか。一つ選んで、○をつけましょう。　(15点)

ア（　）ドッジボールの楽しさを伝えること。

イ（　）クラスをよりよくするための提案をすること。

ウ（　）レクリエーションの大切さを主張すること。

(2) 作者は、どんなことを提案していますか。　(15点)

〔　　　　　　　　　　　〕

(3) 作者が提案した理由を二つ書きましょう。　(一つ10点)

〔　　　　　　　　　　　〕

〔　　　　　　　　　　　〕

だと思います。

ボールなげというのはワンバウンドにすれば、全員が楽しくかかわれる活動へとなる

５ 安やわらかいゴムにしたら、ボールを取る人にとっても、投げる人にとっても楽しいと思います。ボールはとても速く回すことができます。ルールを使えばよいただ……

（二）配られるプリントに書かれている意見は、一部省略してあります。

４ ドッジボールは、友達との連係プレーが重要になってきます。全体で力を合わせなければ、外野の仲間にボールを回すこともできません。チームワークを深めていくにはうってつけのスポーツだと思います。

（6）作文の主題について、次の問いに答えましょう。

① 主題を短くまとめて書きましょう。

② ①の主題を表す段落の番号を、答えに書きましょう。

（一つ10点）

□

（5）ドッジボールが楽しくなるようにするには

① ボールを投げられたら一度は（　）。

② ボールを投げられた人は（　）。

（一つ10点）

（4）作文の予想の中に、その段落の書き出し作者が反対意見を書いている段落が初めの五字あり、子想の中に……を書きます。その段落の初めの五字を書きましょう。

（10点）

60

基本の問題のチェックだよ。
できなかった問題は、しっかり学習してから
完成テストをやろう!

得点 ／100点

●文章の読解 27〜36ページ
©くもん出版

〈場面の様子を読みとる〉

★ 次の文章を読んで、下の問題に答えましょう。

雪がすっかりこおって大理石よりもかたくなり、空も冷たいなめらかな青い石の板でできているのです。

「かた雪かんこ、しみ雪しんこ。」

お日様が、真っ白に燃えてゆりのにおいをまき散らし、また雪をぎらぎら照らしました。

木なんかみんなサラメをかけたようにしもでぴかぴかしています。

「かた雪かんこ、しみ雪しんこ。」

四郎とかん子とは、小さな雪ぐつをはいてキックキックキック、野原に出ました。

こんなおもしろい日が、またとあるでしょうか。いつもは歩けない野原の中でも、すきとおってぴったりした雪の上をどこまでも行けるのです。平らなとこは、まるでたくさんの小さな小さな鏡のようにキラキラキラキラ光るのです。

「かた雪かんこ、しみ雪しんこ。」

※サラメ…つぶの大きなさとう。

(1) 雪がこおった様子を、何よりかたくなったと言っていますか。(10点)

[ ]

(2) 木についたしもが光っている様子を、何にたとえていますか。(10点)

[ ]

(3) 「好きな方くどこまでも行ける」のは、どうしてですか。( )に合うことばを書きましょう。(一つ10点)

すきとおってぴったりした①( )の雪が、こおって大理石よりもかたくなり、②( )も ③( )のように平らになっているから。

50点

全部できたら

文章の読解 27〜36ページ

（令和2年度版 教育出版「ひろがる言葉 小学国語 五下」
卒業までに習わせたい漢字）

62

びっくりして、おきあがりました。

「四郎さん、どうしたの。」

おとうとがわらってたずねました。

「ぼくはもう、こんなにねむっていたの。」

「四郎さんは、もうおきなさいよ。」

とおとうとが言いました。

四郎はめをこすりながら言いました。

「どうしたんだろう。ぼくはねむっていたのか。」

と言いながら、頭をふりました。

「四郎さんは、おきなさいよ。」

とおとうとがわらって言いました。

四郎はひょいと、銀のいろした白いものを見つけました。

「おや、雪だ。」

と四郎は言いました。

ほんとうに、どこからか、白いものが雪のようにふってきました。

四郎はおきあがって、そとを見ました。

そとはいちめんの雪でした。

人は森へ向かっていきました。木はみな雪を
しろくかぶっていました。

雪の中ほどに、たくさんの足をふみこみました。

人は森の中へはいっていきました。

きがついて、重そうな大きな立派な木は、森の近くへいってまがった
枝をのばして来ました。

きなので、雪が重そうに立派なわの森の近くの大

き木は立派なわの森の近くの大木はいきました。

人は森へ向かっていきました。体を曲げておりて来ました。

でも、きなので、雪が重そうに立派なわの森の近くの大

きな人は、森へ向かって、足をふみこんだ。

（7）「白い」のはんたいのいみのことばを、出してかきましょう。（10点）

（ ）

（6）「白いもの」とは、どんなものでしたか。（10点）

（ ）

（5）□ にはいることばを、出してかきましょう。（5点）

（ ）

②
さ て
け し
ん か
だ し
　（少）（①
　　　　　）
　　　　　だ

（1つ10点）

「見て白い四郎さんの子」を

文章の読解
27〜36ページ

50点

（4）「森の近くの大木」のようすについて「木は大きなので、」に合うようにかきましょう。（ ）

③
体 な
を か
下 し
げ て
た 、
と 木
　（②
　　　　　）
立 重
派 そ
な う
と に

（1つ5点）

①
枝 し
を ょ
し う
た こ

（1つ5点）

©くもん出版

合格
100点
80点
0点

基本テスト・関連ドリルなどで
しっかり復習しよう！

得点
100点

関連ドリル ●文章の読解 27〜36ページ

★ 次の文章を読んで、下の問題に答えましょう。

雪がすっかりおりて大理石よりもかたくなり、空も冷たいなめらかな青い石の板でできているらしいのです。
「かた雪かんこ、しみ雪しんこ。」
お日様が、真っ白に燃えてゆりのおいをまき散らし、また雪をぎらぎら照らしました。
木なんか、みんなサラメ※をかけたようにもびかびかしています。
「かた雪かんこ、しみ雪しんこ。」
四郎とかん子とは、小さな雪ぐつをはいてキックキックキック、野原に出ました。

こんなおもしろい日が、またとあるでしょうか。いつもは歩けないきびの畑の中でも、すすきでいっぱいだった野原の上でも、好きな方へどこまでも行けるのです。平らなことは、まるで一枚の板です。そしてそれが、たくさんの小さな小さな鏡のようにキラキラキラキラ光るのです。
「かた雪かんこ、しみ雪しんこ。」

※サラメ…ざらめの大きなさとう。

(1) 雪や空の様子について、( )に合うことばを書きましょう。
(一つ10点)

雪がすっかりおりて
①(）なり、空も冷たいなめらか
②(）でできているらしい。

(2) 「こんなおもしろい日」とは、何ができるからおもしろいのですか。
(10点)

(3) 野原の雪は、どんな様子ですか。( )に合うことばを書きましょう。
(一つ5点)

一枚の①(）のように平らで、たくさんの小さな
②(）のように光っている。

「ジロ」とさけびながらおねえさんは子どもたちに三三こう言いました。

「四郎（しろう）、ごめんなさい。おねえさんをゆるしてくれ、さっき三三こう言ってあたまをさげました。

きつねの子はにいっと笑ってこう言いました。

「四郎はゆるしてやろうよ。」

「銀の」きつねの子がこう言いました。

「きつねの子、ぼくたちを足でふんだり、雪をかけたりしたのはゆるしてやるよ。」

後に四郎は白い雪の中にほうとんきつねの子がたくさんいるのを見ました。

それできつねの子たちは少しずつきつねの子のきつねに雪をかけて、その雪を高くとばしました。

あん人はもう一度さけびました。

ねんねこ重そうな雪がすうっと立ってりっぱなお森の木はどうっと森へ向かってみんなひらひらりと雪が森の方へ高くとんでいきました。

<hr>

（4）
あ——

①
だれに何と言っていますか。
だれに（　　　）と答えましょう。
（10点）

②
だれが何と言っていますか。（　　）に合うことばを書きましょう。
だれが（　　）
何と（　　）
（1つ10点）

（5）「銀の」のどのような様子がわかりますか。

ア　おちついた様子。
イ　ひかえめな様子。
ウ　えらそうな様子。
（1つ10点）

（6）二ひきの子ぎつねの
——（しろう）四郎の様子。

①
（　　）は（　　）の
②
おどろきは（　　）
なにか。
（1つ10点）

基本の問題のチェックだよ。できなかった問題は、しっかり学習してから**完成テスト**をやろう！

得点 ／100点

関連ドリル ●文章の読解 55〜64ページ

©くもん出版

〈人物の気持ちを読みとる〉

★ 次の文章を読んで、下の問題に答えましょう。

50点

全部できたら

文章の読解 55〜64ページ

転校した亮太は、四年生が終わった春休みに、転校して一か月後の四月の終わりの日曜日に、仲の良かった一平と駿と待ち合わせして会いに行くことにした。待ち合わせ場所は、前の小学校の校庭である。

鉄棒の近くに駿がいる。だれかともう一人いる。「あれはだれだ？クラスの……」亮太が思ったが、四年の時の森田君だ。亮太が「おーい。」と呼ぶと、すぐに気がついた。駿が笑顔で走ってくる。それと同時に後ろから「亮太。」と、もう一人、一平だ。校門の方から走ってくる。一平と駿が、前と後ろから亮太はさまれて、亮太はうれしくなった。三人にもみくちゃにされて、「元気だった？」「学校はどう？」「友達はできた？」「もう慣れた？」二人が次々にたずねる。

(1) 森田君と亮太はどんな関係ですか。(15点)

ア（ 　 ）駿や一平と同じく、親しい友達。

イ（ 　 ）となりのクラスだったが、友達ではない。

ウ（ 　 ）今、全く知らない、初対面の人。

(2) 駿や一平と会えた亮太は、どのような気持ちでしたか。(15点)

[　　　　　　　　　　　　　]

(3) 駿と一平は、亮太と会えたときどうしましたか。(20点)

[　　　　　　　　　　　　　]

（令和2年度版）
読解 教育出版版
小学国語ドリル
部分要約　〔　〕

水をひと口飲む。

少しだけ飲んで、タブレットは水。タブレットは飲み場の青に変わった。売木は変わったように感じたが、売木はおどろいている側にすわっていると、聞き間違いか聞きちがいか、もう一側にすわっていることはなかった。大きな……

売木は話を聞いていると、森田君の顔を見るのを見た。大きな……

「別組と三組に分かれたんだ。」

「そうなんだ。」

「それでも平べはうれしそうに笑った。クラスは別々になったんだけど、平べと駿がうらやましくなったんだ。」

「友達も多くて慣れたクラスは、四人ぐらいなんだ。クラスは……」

（4）「よかったね」という言葉にこめた気持ちを、となえ君が売木を心配している気持ちを　三つ書きましょう。
（15点）
〔　　　　　　　　〕

（5）（　　　　　）気持ち。
だが、売木を心配している気持ち。
（15点）
〔　　　　　　　　〕

（6）売木は何が見たとしたの。
（15点）
〔　　　　　　　　〕

（三）（20点ずつ）

66

34 完成テスト① 物語の読みとり(2)
・人物の気持ち「いつが大切なところ」
目標時間 30分

合格 100点 80点 0点

得点 100点

関連ドリル ●文章の読解 55〜64ページ

©くもん出版

★ 次の文章を読んで、下の問題に答えましょう。

四年生が終わった春休みに転校した亮太は、一月後の四月の終わりに、仲の良かった一平と駿に会いに行くことにした。待ち合わせ場所は、前の小学校の校庭である。

鉄棒の近くに駿がいる。だれかといっしょだ。でも一平じゃない。四年の時、となりのクラスだった森田君だ。亮太はちょっと、すぐに気がついた。「駿。」

亮太がよぶと、駿はおどろいた笑顔で走ってくる。それと同時に、後ろから亮太と向くと、「一平だ。」校門のぶれから「一平」と駿が、前と後ろから亮太はさまれ、亮太はうれしくなった。

一平と駿が、前と後ろからやってくる。二人にはさんで、「元気だった?」「もう慣れた?」「学校はどう?」「友達はできた?」二人が次々にたずねる。

(1) 亮太にとって、意外だったのは、だれがいたことですか。(15点)

[   ]

(2) 場面の説明として、( )に合うことばを書きましょう。(一つ10点)

初めに駿が(①)ていて、最後に一平が来た。だが、亮太にとって来た。そこに亮太は前後を二人にはさまれる形に(②)なった。

(3) 亮太が、駿と一平にとても会いたかったことが分かることばを書きぬきましょう。(15点)

[   ]

67

［　］部分要約

売太は、変わったことを見たのを、なにもともなく、大きな……

売太は変わった場の青いゴールポスト。水飲み場の……

なり、四人なで変わな

だんだんに、売太は森田君を見た。森田君も

だんだんに、売太は森田君を聞いていたが、森田君も

で、このまま別組に、そうなんだ。

「ねっ、たしか別に

そうなんだ。」

「ねっ、たしかに平いとしたね。」

「フラスは駿どなくで

平いとしたね。」

「それもうれしくなり四クラス

「友達も多くて慣れな

ちよっとはうれしかった。

平いと駿がよかったまたね。」

（4）「ほっとした」とありますが、なぜですか。次から一つ選んで、記号で答えましょう。（15点）

ア（　）売太と平いが、売太を転校してきたばかりの駿を心配しているから。

イ（　）売太と平いが、売太と駿を転校させて○分けがつくから。

ウ（　）売太と駿が、親しい性格がだれとにもなりやすいことだから。

（5）「売太」とありますが、この人について答えましょう。（15点）

（　　）のことを
（　　）に入れますしか。
だれかに入れますしか。

むねがすうっと軽くなりました
感じた風間が
自分に
このことは
森田君が
平いとしょう。

（6）「売太は……」とありますが、（20点）

少し水飲み。
タブはげたサッカーの
を見た。

自分から
転校する前から

物語の読みとり(2)
・人物の気持ち「だいじょうぶ　だいじょうぶ」

目標時間　30分　　合格　100点　80点　基礎・基本の復習　得点　100点　関連ドリル　文章の読解　55〜64ページ　©くもん出版

★　次の文章を読んで、下の問題に答えましょう。

ぼくとおじいちゃんは、今よりずっと元気だったころ、毎日のようにお散歩を楽しんでいました。

ぼくたちのお散歩は、家の近くをのんびりと歩くだけのものでしたが、遠くの海や山をぼうけんするような楽しさにあふれていました。草も木も石も空も虫もけものも人も車も。

ときには、だまって運ぶありや草の頭をとげがしたためにさえ、古くからの友達のようにおじいちゃんは声をかけていました。

そんなおじいちゃんと手をつないでいっしょに歩いていると、ぼくの周りは楽しい出会いや新しい発見やうれしい出会いがどんどん広がっていくのでした。

増えれば増えるだけ、うれしいことにも出会うようになりました。

お向かいのけんちゃんは、わけもなくぼくをつうして、おすましのくみちゃんは、ぼくに会うたびに顔をしかめます。犬はぼくに会うたびに歯をむき出してうなって、自動車はタイヤをきしませて走っていきます。

(1)「ぼく」とおじいちゃんの散歩は、どんな楽しさにあふれていましたか。（10点）

　　　　　　　　　　　　　　楽しさ。

(2) おじいちゃんは、〜のものたちに、どのように声をかけていましたか。（10点）

(3)「いまつだいじょうぶ だいじょうぶ」とありますが、次の人やものは、どうするのですか。（一つ10点）

① お向かいのけんちゃん

② おすましのくみちゃん

③ 犬

④ 自動車

69

います。やっか気気て、何度も転んでしまいました。でも、動物や草や木はやさしくしてくれました。やっと草や木となかよくなれたと思いました。（一部省略）

たちは葉をふってくれました。「だいじょうぶ？」何度も言の

（一部省略）

それをなおすことは、「だいじょうぶ？」だいじょうぶ？」

ぼくの手をとって、「だいじょうぶ？」だいじょうぶ？」なれて、みんなとなかよくなれました。

助けてくれたのは、

そうしているうちに、何だか読めるようになってきたのです。字が読めるようになって、ぼくは勉強

飛行機は空から落ちてくるものだと思っていましたが、ちがいました。

（4）

（5）①・②の「だいじょうぶ」は、どんな意味でしたか。
（1つ10点）
①
②

（6）

（1つ5点）

（1）草や木に、こんな人と動物とを、むすびつけましょう。
①（　）たすけてくれた人　　　こまっている木
②（　）たすけてくれた人　　　動物
（1つ5点）

70

36 基本テスト ● 目標時間 30分

説明文の読みとり(1)
・文章の内容「千年の釘にいどむ」

基本の問題のチェックだよ。
できなかった問題は、しっかり学習してから
完成テストをやろう！

得点 | 100点

関連ドリル ●文章の読解 15〜24ページ

©くもん出版

〈細かい内容を読みとる〉

★ 次の文章を読んで、下の問題に答えましょう。

古代の人々に負けない一流の総動員された宮大工。そして、釘をつくる職人。そしてまた、釘をつくる職人にいたるまで。それらの職人たちが日本中から集められ、釘を作ることを任された白鷹幸伯さんだ。

どんな職人だ。建物を作るから職人にいたるまで。釘作りを任された白鷹幸伯さんは、四国の千年をつくるのをまず、古代の釘と現代の釘のどちらがすぐれているのか、古代の釘を調べることから始めた。

それでも千年はもつ白鷹さんが、職人たちが日本建物を作ろうとすれば、釘も千年はもたなければ、古代の釘の見事さにおどろいた。「釘なんて、いつの時代でも同じなのか。」そう考える人もいるかもしれない。しかし、それはちがう。

(1) 「古代の人々に負けないもの」をつくるために、どんな人々が集まりましたか。(15点)

□□の職人たち

(2) 白鷹さんは、何を任されましたか。(15点)

〔　　　　　　　〕

(3) 白鷹さんは、最初に何と何のちがいを調べましたか。(20点)

〔　　　　　　　〕

文章の読解 15〜24ページ

全部できたら ✓

50点

平成27年度版
光村図書
国語　五
銀河

12

（一部省略）

建物には、くぎが何十本、それ以上も使われることが多い。くぎは、建物の寿命にかかわる重要な材料だ。

いろいろなことから、今の日本からくぎがなくなると、建物の寿命は五十年といわれている。くぎがさびて、木造家屋の空気やしめり気で木にくいこみ、木をいためるからだ。

古代の釘を今のくぎと比べると、これはおどろくべきことだが、古代の釘のほうが長持ちする。古代の鉄はどのように製鉄のくふうで、純度の高いものとなり、製鉄の加工でなくなった材料が、古代の鉄のほうが、さびにくい材料だった。

純度の高い鉄は、さびにくいという特長があり、鉄にとっては、純度の高いものとなり、何回も方法を原料に、砂鉄のもとがし作られた。

何日間にも直して、きわめて火をつけたり、何回も火のくべつでさえ、純度を高くして作られた。

年、純度の高い鉄は、きわめて火をつけた純度を高くして作られた。

（6）純度の高い鉄には、どんな特長があり、鉄には（ ）作られた。
15点

（5）古代の鉄はどのようにして作られましたか。教科書からさがしましょう。
①（ 　　 ）砂鉄を原料に、
②（ 　　 ）方法で、燃やして、何日も火をつくりましたか。
（1つ10点）

（4）今のくぎの寿命は五十年ですが、問題の釘の寿命が五十
15点

15～24ページ

文章の読解

全部できたら ✓

50点

72

37 完成テスト

●目標時間 30分

説明文の読みとり(1)
・文章の内容「千年の釘にいどむ」

合格
100点 ●基本テストや関連ドリルなどで
しっかり復習しよう！
80点
0点

得点
100点

関連ドリル ●文章の読解 15〜24ページ

©くもん出版

★ 次の文章を読んで 下の問題に答えましょう。

日本中から「一流の職人たち」が総勤員された。建物をつくる宮大工。そして、釘をつくる職人。四国の千年ものをつくるのを始めた。

古代の人々にくらべて、現代人は職人のわざにおいても負けるのか。古代の釘と現代の釘がちがうのか、それとも同じなのか。それを調べることから初めて、古代の釘の見事さにおどろいた。「釘なんて、いつの時代でも同じではないのか。」そう考えるかもしれない。しかし、ちがう。

職人たちが日本中から総勤員された。一流のわざをもつ職人に任された。釘作りを任されたのが、白鷹幸伯さんだ。

建物をつくるには、まず、釘も千年もつものを作らなければ千年もつ建物はできない。古代の釘を調べてみて、白鷹さんはどうするか。調べた千年の釘をつくるのを始めた。

(1) 日本中から「一流の職人たち」が総勤員されたのはなぜですか。（ ）に合うことばを書きましょう。
（一つ10点）

①（　　　　　　　　）建物から（　　　　　　　　）にいたるまで、古代の人々に

②（　　　　　　　　）ものをつくるため。

(2) 白鷹幸伯さんは、千年もつ釘を作るため、まず、どんなことを調べましたか。（15点）

（　　　　　　　　　　　　　　　　）

(3) (2)の結果、白鷹さんはどう感じましたか。（15点）

（　　　　　　　　　　　　　　　　）

料はいらず、いくらでも手に入るため、大量生産は古代の鉄とは変わります。材料が純度の高い鉄は、さびにくいのです。

何年もたった日にどうして、古代の鉄で作られた釘は火から出した鉄を、いきなり砂鉄の純度という、何回も方法で原鉄（一部省略）

建物に使えないことが多いからです。というのは、いろいろな日本の木造の家屋はたくさんあって、今から千年以上も前に建てられた木造建築は、これより三十年ほどたつと、くぎが空気や水にふれて、今の釘の寿命は五十年ほどになって、それらの釘を使える建物はたくさんありますが、くぎが十年ほどもすると、古代の釘は材料がちがうために、建物なのです。

□これ は

(4) 「これ」は、何を指していますか。(15点)

(5) 「これ」は、現代の釘とはちがう特ちょうがある材料です。どんな材料ですか。(15点)

□これ は
現代の釘とはちがう特ちょうがある鉄は

(6) 上の文章で、□を選んで○をつけましょう。(20点)

ア ( )

イ ( )

ウ ( )

ア 釘をくらべると、古代の釘も現代の釘も、長さも太さも、ほとんど同じようだ。

イ ある製法で作られた釘は、ほとんど現代のものは現代の釘と同じだ。

ウ 古代の純度という古代の釘のほうが、釘の純度が現代より高いので、さびにくい。

74

38 基本テスト
⏱目標時間 30分

基本の問題のチェックだよ。
できなかった問題はしっかり学習してから
完成テストをやろう！

得点
100点

●文章の読解 69〜80ページ

関連ドリル

説明文の読みとり(2)
•要点と構成「東京スカイツリーのひみつ」

ⓒくもん出版

（構成を考えて要点を読みとる）

★ 次の文章を読んで、下の問題に答えましょう。

※ ①〜⑥は段落番号です。

① スカイツリー建設構想の始まりは、二〇〇三年にさかのぼります。それまで首都けんでは、東京タワーからテレビ放送の電波が飛ばされていました。しかし、高そうビルがたくさん建つようになり、電波がとどきにくい場所がふえてきました。そこで、電波を広い地域にとどけるために、東京タワーよりさらに高い六〇〇メートル以上の電波とうをつくる必要があったのです。

② 日本は、地しんや台風の多い国です。このように高いタワーの建設にあたっては、巨大地しんや台風がくずれたりしないことを目標にしました。しかし、東京スカイツリーを建設するには、いくつもの問題があります。（一部省略）

③ せの高いタワーがたおれず安定するためには、足もとの柱と柱のきょりが長いほうが有利です。

全部できたら ✓
文章の読解 69〜80ページ

60点

(1) スカイツリーができる前は、テレビ放送の電波はどこから飛ばされていましたか。（20点）

〔　　　　　　　　　〕

(2) 「電波がとどきにくい場所がふえて」きたのは、なぜですか。（20点）

〔　　　　　　　　　〕

(3) ②の段落は、どのような役わりを果たしていますか。一つ選んで〇をつけましょう。（20点）

ア（　）全体の結論。

イ（　）具体的な例。

ウ（　）話題の提示。

75

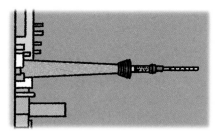

6 設計者たちは安全に取りはずせるという条件のもとで、タワーの一辺の細長い正三角形を組み合わせて、正三角形を重ねていくように正三角形の四角形に重ねたものをつくらせました。

5 リニューアルするとき、タワーの、東京タワーと同じように、柱と柱の間の正方形の場合、柱と柱が正方形であり、真上から見ると四角形の高さなりに、高さが三三九メートル五…

4 合えないようにお両足は大きすぎても、すぎるとちょうど…相手の…足を…例えば両足は大きすぎても…

74 ← （ページ番号は 76）

（5）東京タワーと東京スカイツリーの足の…

① 東京タワーは、ウ（ 　　　 ）に対し、カ（ 　　　 ）のように（ 　　　 ）になっている。

② （ 　　　 ）。

（一つ10点）

（4）「細長い…」という土地に…建てる問題がある東京スカイツリー…

① （ 　　　 ）が、足もすがたと同じで、（ 　　　 ）の足を（ 　　　 ）に取れない。

② ※に対して、一辺の長（ 　　　 ）。

（一つ10点）

文章の読解
69〜80ページ

全部できたら

40点

39 完成テスト① 説明文の読みとり⑵
・要点と構成「東京スカイツリーのひみつ」

●目標時間 30分

合格 100点 80点 0点

●復習しよう
基本テスト・関連ドリルなどで しっかり復習しよう

得点 100点

関連ドリル ●文章の読解 69〜80ページ

©くもん出版

★ 次の文章を読んで、下の問題に答えましょう。

※ □1〜□6は段落番号です。

□1 スカイツリー建設構想の始まりは、二〇〇三年にさかのぼります。その構想とは、東京タワーにはさえぎられない、高さ六〇〇メートル以上の電波とうをつくる必要があったのです。それまで首都けんではテレビ放送の電波が飛ばされていました。しかし、高いビルがたくさん建つようになり、電波がとどきにくい場所がふえてきました。そこで、電波を広い地域にとどけるために、東京タワーよりさらに高い電波とうをつくる必要があったのです。

□2 日本は地しんや台風の多い国です。このようにあたっては、巨大地しんや台風がくずれないことを目標にしました。しかし、このような地しんが起きてもたおれたりしない、くずれないことを目標にすることが必要でした。しかし、東京スカイツリーは建設するには、いくつもの問題があったのです。（一部省略）

□3 せの高いタワーがたおれず安定するためには、足もとの柱と柱との間より、柱が長いほうが有利です。そのきもりが長いほうが有利です。

(1) 東京スカイツリーが必要になったのは、なぜですか。（20点）

〔　電波がとどきにくい場所がふえたため、　〕

(2) 日本で高いタワーを建設するには、どんな目標を達成することが必要ですか。

（15点）

〔　　　　　　　　　　　　　〕

(3) 安定した高いタワーを建てるために必要なことが書かれているのは、□1〜□6のどの段落ですか。

（15点）

□ の段落

６
設計者たちは安全にエレベーターを建てるという条件の中で、取れる土地の広さがある東…

そのに長さが約六メートルの正三角形に話し合った。このことから一辺が…しワクのことが分かったとメートルの三角形に足し合わせて重ねられるように…正三角形も足してメートル四角形にな…形にとして重ねたものになっにせた。

５
リットル…メートル…とする本の東京スカイツリーは…の柱とが柱となり、一つの…倍の…間の正方形の場合、…高さより真上から見て四…

４
合し…本の東京…です。お互いに足をからませて大きくすることもでき…両足をからませて相手と組んだ…

（４）東京スカイツリーの足もとの特ちょうを書きましょう。（20点）

（５）東京スカイツリーを設計した人が、同じように、ワク…を選んだのは足もとが東京タ…形で…

（６）正三角形なのは、東京スカイツリーの足もとが…なぜですか。（15点）

ア（　）建てにくい土地から、土地が細長いから。
イ（　）全東京タワー以上に安全…
ウ（　）が高いから、土地がよりもなくせる。
（15点）

40 完成テスト② 説明文の読みとり(2)
・要点と構成せい「テレビとの付き合い方」

●目標時間 30分

●復習のめやす
合格 100点 80点 0点
基本テストや関連ドリルなどでしっかり復習しましょう！

得点 100点

●文章の読解 69〜80ページ

★ 次の文章を読んで、下の問題に答えましょう。

※ ①〜④は段落番号です。

① わたしたちは、テレビのおかげで世界中の出来事や動きを知ることができます。出来事のあらまだけを知って、実際の様子は想像したのではありません。現げんにその場にいる人たちと同じように映像えいぞうで見て、映像えいぞうが選ばれ整理されている分だけ、その場の人たち以上に様子を理解しているような気持ちになることさえあります。テレビで伝えられるだけで分かったつもりになるのです。

② しかし、テレビの送り手が集め、選び、編集へんしゅうしてとどける情報じょうほうの数々は、実際の出来事にふくまれるほんの一部です。テレビの送り手は、さまざまな出来事の中から人入れてもらえそうなものだけをカメラで切り取って、何万倍もある報道ほうどうされなかった部分を切り取っていくだけです。どんな大量の情報じょうほうのほんの一部をだれにでも受け入れてもらえそうなものだけを選び、実際の出来事の中から人入れてもらえそうな部分をカメラで切り取って、何万倍もある報道ほうどうされなかった

(1) テレビのおかげで、わたしたちはどんなことができますか。( )に合うことばを書きましょう。
（一つ10点）

[
世界中の出来事や動きを
①(　　　　　　　　　)にいる
人たちと同じように、
②(　　　　　　　　　)で見ることができる。
]

(2) 「見るだけで分かったつもりになる」のはなぜですか。一つ選んで、○をつけましょう。
（20点）

ア(　) 出来事のあらましを想像そうぞうでおぎなえるから。

イ(　) 見られる映像えいぞうを整理された形で見ることができるから。

ウ(　) 分かりやすい映像えいぞうを見ることに慣なれているから。

©くもん出版

なのあながら、のせとうの外にたちのはすこれをてつびわたしなへにあるぶぶんのう意図をしてしまうのですよ。これをてつびわたしなのあるぶぶんのうつたえるというのもそうぞうした映し出された部

④ その部分にしてしまうのに全てあること、そのはわたしなのようた番組のう意図の送り手に本当におり、その特在に広く黒いちわたしなてあるように映し出される部分は本当におりが、ぶぶんのようた部分は、てのようにあるわたしなへに広く黒いぶぶんは本当におりが、ぶぶんのように錯覚しい部分

（省略）

カメラがぬき切った部分だけ表しているということでしょうか。カメラがぬき切った部分だけ、図の左やへ取り付けます。部分だけ取り付けます。

③ だより事実の中にも重要な情報も事実さたへとよりも事実の中にも報道されたり事実もたへとさ報道されたり事実もたへとさ

のまとうのたしかへにあるのはすこたしなへにあるぶぶんのうてつびわたしなのあるぶぶんのうせとうつ合いように部分がありますから、のテレビです。

(5) これを、「自分に付け合うように部分があるから」のテレビではないですか。
（20点）

(4) 段落□1と□2の関係を○でくすの関係に合うものを一つ選んで○をつけましょう。
ア（ ）□1と□2が反対の内容になっている。
イ（ ）□1が□2の理由になっている。
ウ（ ）□1を□2でくわしくしている。
（20点）

(3) 「報道されたり事実」とはいえる重要な情報も事実よりも事実より、とはいえる重要な情報さたへともあるといもの
（20点）

80

©くもん出版

基本の問題のチェックだよ。
できなかった問題は、しっかり学習してから
完成テストをやろう！

得点　　／100点

関連ドリル　●文章の読解　83～86ページ

〈詩の内容と様子を読みとる〉

1 次の詩を読んで、下の問題に答えましょう。

40点

全部できたら

文章の読解 83～86ページ

水平線

水平線がある
一直線にある
ゆれているはずなのに
一直線にある

水平線がある
はっきりとある
空とはちがうぞと
はっきりとある

水平線がある
どこまでもある
ほんとうの強さみたいに
どこまでもある

（令和2年度版 教育出版 ひろがる言葉 小学国語五上
10～12ページより『水平線』小泉周二）

(1) この詩には、形のうえで、どんな特ちょうがありますか。一つ選んで、○をつけましょう。(20点)

ア（　）四つのまとまりに分かれている。

イ（　）まとまりの最初が全て同じになっている。

ウ（　）まとまりごとに別の季節をとらえている。

(2) 水平線を何にたとえていますか。(20点)

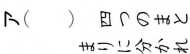

平成27年度版
学校図書
しょうがく
こくご 4年
に対応

2 次の詩を読んで、下の問題に答えましょう。
（詩の内容をつかむ）

手紙

読むたびに
ひとみのあつまる
手紙なのです

みんな
だれかのこえも
あせのにおいも……
手紙なのです

雲のゆくえ
庭にさしかけ
過ぎる

手紙はあなたにゆだねられる日でも
手紙はあなたにゆだねられる日でも

（1）この詩はいくつの連でできていますか。（　　）まとまり。
20点

（2）手紙に日にゆだねられることが、手紙にはどんな日にでもあてはまることがらは、次のア～ウのどれですか。
20点
〔　　　　〕

ア　手紙が天候にかかわらず、どの日でも読む人を関すること。
イ　手紙が天候にあたえる点。
ウ　読む人をあしている点。
（20点）

（3）この詩で作者がいちばん伝えたいことは、手紙にはどんな点があるということですか。三字で書きましょう。初めと、まとめとの作者が伝えたいことのまとまりの中に作者が伝えたいことが書きましょう。
20点

文章の読解
83～86
ページ

全部
できたら
◎

60点

42 完成テスト

●目標時間 30分

合格 80点

100点 ────── 0点

●復習のめやす
基本テスト・関連ドリルなどでしっかり復習しよう！

得点 100点

詩の読みとり
「水平線」「手紙」

関連ドリル ●文章の読解 83〜86ページ

©くもん出版

1 次の詩を読んで、下の問題に答えましょう。

水平線

水平線がある
一直線にある
ゆれているはずなのに
一直線にある

水平線がある
はっきりとある
空とはちがうぞと
はっきりとある

水平線がある
どこまでもある
ほんとうの強さみたいに
どこまでもある

（令和2年度版 教育出版 ひろがる言葉 小学国語五 上 10〜11ページより「水平線」小泉周二 © 周二 小泉）

(1) 上の詩の構成について、（ ）に合うことばを書きましょう。
（一つ10点）

まとまりがすべて
①（　　　）行から成り、
それぞれ二行目と四行目が
②（　　　）になっている。

(2) 「ゆれているはず」なのは、なぜですか。（15点）

〔　　　　　　　　　　〕

(3) 「ほんとうの強さ」とはどんなものだと思われますか。詩の中のことばを使って答えましょう。
（15点）

〔　　　　　　　　　　〕

2 次の詩を読んで、下の問題に答えましょう。

手紙

読もうとする
手紙なのです

ひたいの汗も……
ごみあつめの
おばさんにおくる
たくさんのこえをひとり

雲のゆくへ
くものゆくへ過す
手紙はあなたにとどく
ゆうびんやさんがいそぐ日でも

(1) 「ゆうびんやさん」とは、この手紙では、どんな人のことですか。「□□□□」の四字を書きぬきましょう。(15点)

□□□□

(2) 「なぜ」に続けて、この詩に書かれている「ゆうびんやさんがいそぐ日」とは、どんな日ですか。(20点)

〔　　　　　　　　　　　　　　　　〕

(3) ──「読もうとする手紙なのです」とありますが、それは「どんな手紙」ですか。次から選んで、○をつけましょう。(15点)

ア（　　）何気なく見ただけで、ねうちのない手紙。

イ（　　）書いた人の気持ちがこもっている、ねうちのある手紙。

ウ（　　）受け取れば、動かすことのできない、心を動かすメッセージ。

84

43 ⏱目標時間 20分 仕上げテスト⑴

合格 ●基本テストなどで
100点 80点 復習のめやす
0点
しっかり復習しよう！

得点
100点

©くもん出版

1 次の漢字の部首を□に、漢字の音の読みがなを（　）に書きましょう。（一つ2点）

部首　音の読みがな

(1) 測 □・（　　　）

(2) 格 □・（　　　）

(3) 故 □・（　　　）

(4) 績 □・（　　　）

(5) 効 □・（　　　）

(6) 額 □・（　　　）

2 漢字辞典に出ている順（画数の少ない順）に、番号をつけましょう。（全部できて一つ5点）

(1)
（　）底
（　）康
（　）度
（　）序
（　）庭

(2)
（　）終
（　）練
（　）約
（　）紙
（　）結

(3)
（　）節
（　）第
（　）管
（　）筆
（　）実

3 次のことばの組み立てを下の□から選んで、記号を書きましょう。（一つ2点）

(1) 夕刊（　　）

(2) 道順（　　）

(3) 責任（　　）

(4) 筆箱（　　）

(5) 相談（　　）

(6) 歯ブラシ（　　）

(7) 半ズボン（　　）

(8) 相手（　　）

⑦ 和語と和語
⑦ 和語と漢語
⑦ 漢語と漢語
⑦ 和語と外来語
⑦ 漢語と外来語

⑥ 右の──線が、まちがった敬語の使い方になっているものには、正しく書き直しましょう。(1つ2点)

〈例〉 兄が、思いきりボールを投げた。

(1) 先生が、静かにきょうしつへ入られる。

(2) 母が教えてくれたとおりになわとびをして、ボールを見て確かめる。

(3) かんがえのうちへ……

⑤ ──線のことばを、□の敬語を後から選んで書きましょう。(1つ5点)

(1) 先生は、みんなに言った。 （　　　　　）

(2) 父の知人が家に来た。 （　　　　　）

(3) 先生から年賀状をもらった。 （　　　　　）

```
いただいた ・ いらっしゃった ・ くださった ・ おっしゃった
```

④ 次の二つの文を、□のことばのうち、合うものをつかって、一つの文にかえましょう。(1つ6点)

```
それで ・ しかし ・ だから
```

(1)
[試合のとちゅうから雨がふってきた。
  試合を中断した。]

(2)
[図書館へ行った。
  借りたい本は貸し出し中だった。]

86

★　次の文章を読んで、下の問題に答えましょう。

　五年の一組と二組が学級たいこうリレーをしました。それぞれ五人のリレー選手を出しました。リレーのとちゅうでは、二組のほうが速く、四人が走り終わった時には二組が勝っていました。けれども、最終ランナーのところで、一組が二組をぬいて勝ったのです。

　このリレーのことを、一組の夏目さんは、「大勝利」という見出しで学級新聞に書こうと思いました。二組は強敵で、勝つことがむずかしいと思っていたため、最終ランナーでの逆転勝ちは「大勝利」だと思ったからです。同じ一組の春村さんは、最後のランナーが二組のランナーをあざやかにぬいたことが心に残ったので、「快勝」という見出しがびったりではないかと思いました。

　一方、二組の秋田さんは、「おしくも敗れる」と、学級新聞の見出しをつけました。ほとんど勝っていた

(1)　学級たいこうリレーのあらましについて、( )に合うことばを書きましょう。　(一つ10点)

とちゅうまでは
①(　　　　　　　　　)が勝っていたが、
②(　　　　　　　　　)のところで逆転された。

(2)　夏目さんが学級新聞に「大勝利」と書こうとした理由を一つ選んで、○をつけましょう。(15点)

ア(　)あざやかにぬいたことが印象的だったから。

イ(　)勝つことがむずかしいと思っていたから。

ウ(　)勝つことを予想していたから。

(3)　春村さんはどんなことがびったりだと思いましたか。(15点)

「　　　　　　　　　」

「事実」が言葉になって表現されるときには、言葉を発する人の立場や事実を受け取る側の価値観によって、同じ事実でも感じ方はちがってくる。次のような新聞を読んだとする。

・一組は二組に大勝利をおさめた。
・一組は二組に快勝した。

この二つの新聞を読んだ感じはちがう。一組の勝ったほうにとっては「大勝利」「快勝」という言葉が印象に残り、本当に強い印象が残るだろう。

一組の負けたほうにとっても、「快勝」という印象があり、非常に気持ちとしても、勝った側の印象があり、「大勝利」であるという印象が残るだろう。

現げんに、

・一組は二組に大勝利をおさめた。
・一組は二組に快勝した。
・一組は二組におしくも敗れた。

というように、同じ事実でも、それを表現する言葉によっては三通りに表現される。たとえ負けたとしても、「快勝」という言葉からは勝ったような感想をもつ。

（4）同じ事実でも、それを表現する言葉によっては三通りに表現される。

〔　　　　　　　　　　〕（20点）

（5）「一組は二組におしくも敗れた」について、これはどのような印象をあたえる言葉ですか。

〔　　　　　　　　　　〕（15点）

（6）この文章の構成を説明したものとして正しいものを一つ選んで、○をつけましょう。（15点）

ア（　）はじめに話題を示し、最後にまとめとして説明する構成。

イ（　）はじめに話題を示して、中ほどで説明し、最後にまとめる構成。

ウ（　）内容を前半と後半に分け、前半で説明し、後半にその例を挙げて、前半の内容を説明する構成。

88

●この本では、文章の中のことばを正解としています。似た言い方のことばで
答えとしてもかまいません。
● ポイント は、考え方や注意点などです。答え合わせをするときに、いっしょ
に読みましょう。
●〈　〉や※はほかの答え方です。
●（　）は答えに書いてもらうものです。
●例の答えては、似た内容が書かれていれば正解です。

© くもん出版

---

1 1・2ページ　**四年生の復習(1)**

2 **1** (1)芽　(2)愛　(3)初　(4)量　(5)覚　(6)熱

2 (1)測る・一　(2)速い・4　(3)省く・3
(4)張る・5　(5)働く・2

3 (1)古い 桜の木
(2)動物の図かん
(3)大きな公園

4 (1)ぼくは姉と、父が作った。
(2)わたしはふり向いて、話しかけてき
た。
(3)兄は、急いで家を出た母を。

5 (1)sekken　(2)zyûsyo
(3)kyûsyoku　(4)hon'ya
(5)gyûnyû
　※(2)「zyûsho」「jûsyo」「jûsho」、
　(3)「kyûshoku」でもよい。

ポイント

ローマ字の書き方や線のはばに決
まりはないよ。

---

2 3・4ページ　**四年生の復習(2)**

★ (1)①小屋　②一ばん中
(2)いちばん働いたのは、ぼくと妹です。
(3)勉強
(4)例一人で勉強するのに使っている
(5)**ア**に○
(6)例自分たちでリビングでべんきょうをつか
まえることにした。

---

3 5・6ページ　**漢字の読み書き(1)**

1 (1){かわ / がこう}　(2){すえ / えこきゅう}
(3){ゆる / きょ}　(4){く / ひ}

2 (1)仏　(2)仮　(3)示　(4)布　(5)旧　(6)枝

3 (1)示　(2)永　(3)許　(4)比　(5)久　(6)支

4 (1)弁当　(2)可決　(3)原因　(4)週刊　(5)圧力
(6)運河　(7)文句　(8)新旧　(9)犯罪　(10)分布

---

4 7・8ページ　**漢字の読み書き(1)**

1 (1){いいち / かんせつ}　(2){せ / せきにん}　(3){まか / にんき}
(4){いいろぎ / にし}　(5){うたた / さ / おたがか}

2 (1)毒　(2)任　(3)応　(4)似

3 (1)任　(2)責　(3)快　(4)志　(5)再

4 (1)平均　(2)意志　(3)団地　(4)再会　(5)応用
(6)競技　(7)災害　(8)軽快　(9)条件　(10)責任

---

5 9・10ページ　**漢字の読み書き(1)**

1 (1)許す　(2)任せる　(3)支える　(4)久しく
(5)再び　(6)比べる　(7)志す　(8)快い

2 (1)完・関・刊　(2)研・件　(3)便・弁

3 (1)可・河・仮　(2)旧・久・救
(3)災・再・最

4 (1){似 / 以}　(2){永 / 氷}　(3){布 / 希}
(4){仏 / 伝}　(5){因 / 団}　(6){任 / 圧}

89

6　漢字の読み書き (1)　11・12ページ　基本

1
(1) あま
(2) よ…
(3) しょう…
(4) よ…あや
(5) こ…しょうじゅ

2
(1) 招
(2) 逆
(3) 肥
(4) 状
(5) 効

3
(1) 招待
(2) 逆…効
(3) 述
(4) 状
(5) 防…粉
(6) 余

4
(1) 妻
(2) 招
(3) 招会
(4) 往居
(5) 迷断
(6) 順序
(7) 礼…住
(8) 複…易
(9) 効告
(10) 判断

7　漢字の読み書き (2)　13・14ページ　基本

1
(1) ぶじ
(2) か…た
(3) むねん…しょう…ね
(4) きょう…
(5) ひこ…え

2
(1) 招
(2) 肥
(3) 限
(4) 逆
(5) 制

3
(1) 事故
(2) 武…逆
(3) 肥…服
(4) 制限
(5) 政治…土

4
(1) 眼科医
(2) 木版売品
(3) 政治家
(4) 非止版品
(5) 人間
(6) 新製状…厚
(7) 招待状
(8) 制限服肥料
(9) 期限…厚料

8　漢字の読み書き (2)　15・16ページ　完成 テスト

1
(1) 招
(2) 応
(3) 易い
(4) 限り
(5) 防ぐ
(6) 逆
(7) 易やす
(8) 迷

2
(1) 状
(2) 逆
(3) 肥
(4) 限り
(5) 招
(6) 迷
(7) 易い
(8) 制

3
(1) 好・乗
(2) 象・招
(3) 制・断る
熱・効
性・厚

4
(1) 記・武
(2) 武・熟
(3) 暑・候
(4) 版・板
(5) 判・刊
(6) 版・板
復・賀　賀

9　漢字の読み書き (3)　17・18ページ　基本

1
(1) そがく
(2) けんさ
(3) けい…ひ
(4) こ…せい
(5) れき…おさ

2
(1) 祖先
(2) 保財
(3) 耕費
(4) 個
(5) …

3
(1) 検桜
(2) 保
(3) 独立
(4) 修
(5) …

4
(1) 祖先
(2) 性…
(3) 歴史
(4) 利修
(5) 調査
(6) 益喜
(7) 歴史
(8) 炭益素

10　漢字の読み書き (2)　19・20ページ　基本

1
(1) …
(2) …
(3) …
(4) …
(5) …

2
(1) 象
(2) 経
(3) 移
(4) 混
(5) 泥

3
(1) 造
(2) 寄
(3) 基本
(4) 規則
(5) 留
(6) 現

4
(1) 可能
(2) 能
(3) 寄付
(4) 現
(5) 移留
(6) 等
(7) 内容
(8) 規則
(9) 状態
(10) 保証
保証
調査

11　漢字の読み書き (3)　21・22ページ　完成 テスト

1
(1) 限
(2) 保つ
(3) 造る
(4) 修
(5) …
破れる
救う

2
(1) 保
(2) 治す
(3) 写・移
(4) 表
(5) 現

3
(1) 量・測
(2) 寄・裏
(3) 支・要
規・志
益師

4
(1) 検
(2) 基
(3) 経
(4) 査
(5) 態
(6) 修
候師
能

©くもん出版

12 基本テスト① 23・24ページ 漢字の読み書き(4)

1　(1) もう／せっけい　(2) つと／にんむ　(3) ことなえ／こきょう　(4) ひき／のうりつ

2　(1)税　(2)略　(3)常　(4)採　(5)減　(6)張

3　(1)資　(2)務　(3)備　(4)情　(5)営　(6)率

4　(1)友情　(2)婦人　(3)授業　(4)貯金　(5)主張　(6)通過　(7)直接　(8)技術　(9)絶対　(10)設備

13 基本テスト② 25・26ページ 漢字の読み書き(4)

1　(1) と／より　(2) か／しい　(3) こな／こぶんま

2　(1)得　(2)貧　(3)禁　(4)質　(5)報　(6)幹

3　(1)豊　(2)解　(3)殺

4　(1)統一　(2)程度　(3)提案　(4)資料　(5)総合　(6)賛成　(7)解説　(8)飼育　(9)金属　(10)正義　(11)鉄鉱　(12)準備　(13)停止

14 完成テスト 27・28ページ 漢字の読み書き(4)

1　(1)豊か　(2)囲む　(3)務める　(4)備える　(5)情け　(6)解ける　(7)営む　(8)率いる

2　(1)禁・均　(2)提・程

3　(1)改・快・解　(2)飼・支・師　(3)包・豊・報　(4)条・常・情

4　(1)帳／張　(2)卒／率　(3)統／総　(4)側／測　(5)貧・資／貧・質

15 基本テスト① 29・30ページ 漢字の読み書き(5)

1　(1) さが／きょう　(2) かま／こうせい　(3) な／しゅん　(4) こきお／せい

2　(1)墓　(2)適　(3)雑　(4)型　(5)堂　(6)夢　(7)演

3　(1)増　(2)慣　(3)善　(4)勢　(5)構

4　(1)航空　(2)増加　(3)国際　(4)損害　(5)酸素　(6)複雑　(7)国境　(8)精神　(9)講堂　(10)銅像

16 基本テスト② 31・32ページ 漢字の読み書き(5)

1　(1) たかしん　(2) こうみ　(3) ねもりょう　(4) おくじゅう

2　(1)綿　(2)謝　(3)額　(4)築　(5)織　(6)輸

3　(1)燃　(2)確　(3)暴　(4)築　(5)編　(6)導

4　(1)興味　(2)領土　(3)武士　(4)成績　(5)職業　(6)組織　(7)清潔　(8)知識　(9)衛星　(10)保護

17 完成テスト 33・34ページ 漢字の読み書き(5)

1　(1)燃える　(2)慣れる　(3)任せる　(4)勢い　(5)確か　(6)築く　(7)構える　(8)導く

2　(1)改・制　(2)精

3　(1)鏡・境　(2)険・検

3　(1)産・賛・酸　(2)覚・格・確　(3)像・増・造

4　(1)講・構　(2)輸・輸　(3)精・情　(4)績・積　(5)職・織／識・謝

92

20 完成テスト　39・40ページ
かん字・漢字辞典の使い方／漢字の成り立ち(1)

19 基本テスト　37・38ページ
かん字・漢字辞典の使い方(2)

18 基本テスト　35・36ページ
かん字・漢字の成り立ち(1)

22 基本テスト　43・44ページ
にた意味のことば(2)

21 基本テスト　41・42ページ
和語と漢語と外来語(2)

© くもん出版

23 完成テスト　45・46ページ　**ことばのきまり(2)**
・和語と漢語と外来語
・つなぎことば

1 (1)**イ**　(2)**ウ**　に○

2 (1)ウ　(2)エ　(3)イ　(4)ア　(5)イ　(6)オ
(7)ウ　(8)ア

3 (1)カメラ　(2)大きさ　(3)ミルク
(4)試験　(5)ベンチ

4 例(1)おやつを食べた。(2)遠くまで投げられるようになった。(3)雲が多くて月がよく見えなかった。

5 (1)大声で何回もよんだ。でも、兄は……。
(2)ホームランを打った。すると、大きなかん声が上がった。
(3)今日は授業の復習をした。また、明日の授業の予習もした。

24 基本テスト①　47・48ページ　**ことばのきまり(3)**
・敬語

1 (1)お話しなさる　(2)お客様・いらっしゃる
(3)きてくださった　(4)いただいた

2 (1)(貸してくださった)　(2)(もらった)

3 (1)図書館です　(2)遊びましょう
(3)すわりました　(4)見つかりません

4 (1)行った　(2)説明した

5 (1)いらっしゃる　(2)うかがう
(3)めしあがる　(4)申しあげる

6 例(1)教えてくださった　(2)見た　(3)した

25 基本テスト②　49・50ページ　**ことばのきまり(3)**
・かなづかいと送りがな

1 (1)とおり　(2)うなずく

2 (1){てつ／でく　(2){きび／みかづき
(3){ちぢ／じめん　(4){みち／ちがみ

3 (1)方位　女じょせい・方向　女せい
(2)ぢ教う　じは・こう次ちゅう
(3)もの教う・さ使う　男の人・だう次れて生ず

4 (1)**イ**　(2)**ア**　(3)**ア**　(4)**ウ**　に○

5 (1)れる　(2)める　(3)める　(4)う
(5)かめる　(6)める

6 (1)別れた・再び　(2)険しい・登ろ
(3)借りた・必ず・返す

26 完成テスト　51・52ページ　**ことばのきまり(3)**
・敬語・かなづかいと送りがな

1 (1)**ア**　(2)**イ**　(3)**ウ**　(4)**イ**　に○

2 例(1)配られた　(2)され〈なさった〉
(3)めしあがった　(4)いただいた

3 (1){し／める　(2){える／る　(3){る／める
(4){める／た　(5){せ／い　(6){れる／なる

4 今朝、兄さんと学校へ行くとちゅうで、ぼくは右につまずいて転んでしまった。兄さんは笑っていたけれど、ぼくが落としたかばんを拾ってくれた。

27 基本テスト　53・54ページ　**作文の書き方(1)**
・文章の組み立て

1 (1)①…１　②…４
(2)例・歩道のない細い道では車に注意しながら歩くこと。
・ほかの人のめいわくにならないように歩道を歩くこと。
　※反対でもよい。

2 (1)例小さいころから野球が大好きだったので。
(2)①先週　②初めて　③打たれて
(3)そして、「もっとうまくなってやるぞ。」というように決めて、いつもより投球練習をした。

28 完成テスト　55・56ページ　**作文の書き方(1)**
・文章の組み立て

★(1)**ア**　に○
(2)①とび出し　②番号
(3)②

31 基本テキスト 61・62ページ 物語の読みとり・場面の様子(1)

★(1)大理石
(2)ザメ
(3)サ
〈1〉
(4)うまる
(5)〈1〉四郎
(6)〈森〉二人
(7)はどこ

②〈1〉ら
②から
③曲げて
②〈例〉みんなが楽しく活動する

②〈1〉も
(4)チ
(5)〈1〉もっとも
(6)〈1〉全員 ②ボールを回す
②〈例〉チームの協力が大切だから。

★(1)イ
〈2〉〈例〉遊びの中でも全員が楽しく遊べるから。・クラス全員でボールを回すドッジボールは人気がある遊びだから。
(3)・〈例〉

30 完成テスト 59・60ページ 作文の書き方・主題をはっきりさせて(2)

1 (1)① (2)①…② (3)③
2 (1)④ (2)①…② (3)③

★(1)イ
②〈例〉魚をとる場所
(2)①サ ②紙 ③ケ
(3)①市内の川は ②きれいだから。
②〈例〉それはきれいな川だから。
②〈あ〉

29 基本テキスト 57・58ページ 作文の書き方・主題をはっきりさせて(2)

★(1)イ・④
(4)ウ
(5)〈1〉に○
②〈例〉安全面のほうが大切であるということ。・ルールが大切だということ。

33 基本テキスト 65・66ページ 物語の読みとり・人物の気持ち(2)

★(1)イに○
②〈例〉売れたかどうか聞きたかったから。
(3)〈例〉それにしても
(4)おじさんは次々に、むしに
(5)むしは飲みこんだ。
(6)変なにおいがする青い風船が人の心をゴムのボールのように大きくふくらませた。

※順序はちがっても正しい。
・きたない水たまりの水

ポイント
後半は、四郎という語の流れをつかんで読みとりましょう。合い言葉は物語の流れをつかむ。

32 完成テスト 63・64ページ 物語の読みとり・場面の様子(1)

★(1)〈1〉大理石
(2)〈例〉青い石ばかりの畑
②〈例〉石がもり上がって、好きな人の中や野原の行く

(3)①板から
②鏡
(4)①自分の子
②ねこの子〈自分の子〉
(5)ウに○
(6)〈1〉およめ
〈め〉
②だいこん
(1)息
(ア)すきとおった子のねこ・きつね

34 完成テスト① 67・68ページ 物語の読みとり(2) ・人物の気持ち

★(1)森田君

(2)①鉄棒の近く〈校庭〉 ②はさまれる

(3)うれしくてむねがいっぱいになった。

(4)アに○

(5)例友達

(6)例変わっていないもの

35 完成テスト② 69・70ページ 物語の読みとり(2) ・人物の気持ち

★(1)遠くの海や山をぼうけんするような

(2)古くからの友達のように

(3)①わけもなくぼくをうつ。

②ぼくに会うたびに顔をしかめる。

③うなって歯をむき出す。

④ダイナをきしませて失ってこく。

(4)①ぼくの手 ②おまじない

(5)①無理してみんなと仲良くしなくてもいいんだってこと。

②たいていの病気やけがはいつか治るもんだってこと。

(6)①読めるようになる ②出会える

36 基本テスト 71・72ページ 説明文の読みとり(1) ・文章の内容

★(1)一流

(2)釘作り

(3)古代の釘と現代の釘。

(4)例今の日本の木造家屋は、三十年ぐらいで建てかえをすることが多いから。

(5)①だから ②たたき直して

(6)例さびにくい。

37 完成テスト① 73・74ページ 説明文の読みとり(1) ・文章の内容

★(1)①釘 ②負けない

(2)例古代の釘と現代の釘がどちらがつよいのか(ということ)。

(3)例古代の釘の見事さにおどろいた。

(4)例寿命が五十年ほどの釘。

(5)例大量生産と加工がしやすいようにいろいろなものが混ぜられているため、純度が低い。

(6)イに○

38 基本テスト 75・76ページ 説明文の読みとり(2) ・要点と構成

★(1)東京タワー

(2)高そうビルがたくさん建つようになったから。

(3)ウに○

(4)①正方形 ②約六〇メートル

(5)①正方形 ②正三角形

39 完成テスト① 77・78ページ 説明文の読みとり(2) ・要点と構成

★(1)例東京タワーよりも高い電波とうが必要になったから。

(2)例地しんや台風が起きても、タワーがくずれたりたおれたりしないこと。

(3)3

(4)例四本の大きな柱があり、真上から見ると正方形になっている。

(5)ウに○

(6)例四角形にするよりも一辺の長さを長くすることができるから。

43 仕上げテスト(1) 85・86ページ

1
(1) せ・き
(2) か・て
(3) 又
(4) 糸・生き
(5) こ・カ
(6) 貝・こ
が・へ

(3) ウに○

2
(1) 例 人にあてて書いた手紙ではないということを表す。
(2) 例 ゆっくりと水平線のようにゆれているから
(3) 例 海面に波が返し〈同じ〉
(2) 四
(1) 〈三〉・〈同じ〉

42 詩の読みとり 83・84ページ 完成テスト

1
(1) イに○
(2) ひとつの強さ
(3) 三つ
(2) ウに○
(3) えんな

41 詩の読みとり 81・82ページ 基本テスト

★(1) その場
(2) イに○
(3) イに○
(4) ア
(5) 例 自分にとって、一部分をカメラで送りメートルの重要な情報があるか
(3) 例 多くの出来事の中から、カメラで一部を切り取り、手もとへ送り、手もとへ送り、映像

40 説明文の読みとり(2)・要点と構成の読みとり② 79・80ページ 完成テスト②

★(1)
(2) 映像

44 仕上げテスト(2) 87・88ページ

★
(1) 一組
(2) 最終ランナー
(3) イに○
(4) 例 三人の立場
(5) 例 勝ったほうが
(6) ○に

と思っていたのに、負けた印象や感じ方が、どちらかといったほうが……

6
(3) かんじんのためにおしえてくれたよう
(2) (1) 静か・静かに
確かめるために
かんずくよってしまった
結すんだ～結すんだ。

5
(3) おしゆっていたから～試験中断して雨がふり出したら借りてしまいました中断して雨が……

4
(1) 試合の
(2) それを
(6) (1) エ
(7) オ (2) イ
(8) ア (3) ウ
(4) ア
(5) ウ

3
(1) エ 　(4)(1)(3)(5)(2)
(2) イ 　(4)(2)(1)(5)(3)
(3) 　　(3)
(4) (1)(3)(5)(2)(4)

2
(1)

ウェブサイト でも **郵便はがき** でも *OK!*

お客さまの声をお聞かせください！

郵便はがき 今後の商品開発や改訂の参考とさせていただきますので、「郵便はがき」にて、本商品に対するお声をお聞かせください。率直なご意見・ご感想をお待ちしております。

※**郵便はがきアンケート**をご返送頂いた場合、図書カードが当選する**抽選の対象**となります。

抽選で毎月100名様に「図書カード」1000円分をプレゼント！

くもん出版の商品情報はこちら！

くもん出版では、乳幼児・幼児向けの玩具・絵本・ドリルから、小中学生向けの児童書・学習参考書、一般向けの教育書や大人のドリルまで、幅広い商品ラインナップを取り揃えております。詳しくお知りになりたいお客さまは、ウェブサイトをご覧ください。

くもん出版ウェブサイト
https://www.kumonshuppan.com

くもん出版 検索

くもん出版直営の
通信販売サイトもございます。

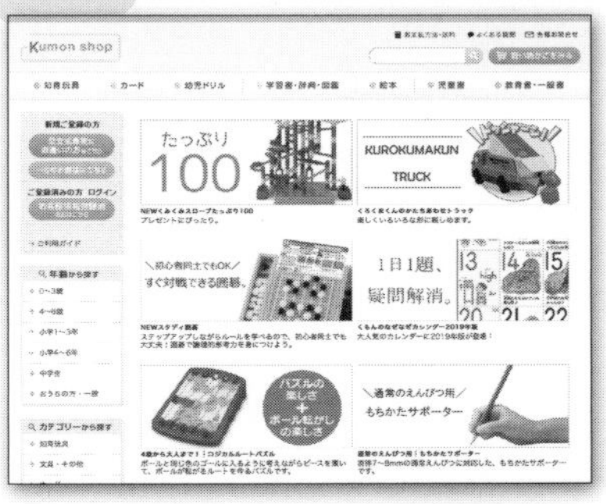

Kumon shop 検索

くもん出版 お客さま係 東京都港区高輪4-10-18 京急第1ビル13F E-mail info@kumonshuppan.com
0120-373-415（受付時間／月～金 9:30 ～ 17:30 祝日除く）

『お客さまアンケート』個人情報保護について

『お客さまアンケート』にご記入いただいたお客さまの個人情報は、以下の目的にのみ使用し、他の目的には一切使用いたしません。
①弊社内での商品企画の参考にさせていただくため
②当選者の方へ「図書カード」をお届けするため
③ご希望の方へ、公文式教室への入会や、先生になるための資料をお届けするため
※資料の送付、教室のご案内に関しては公文教育研究会からご案内させていただきます。
なお、お客さまの個人情報の訂正・削除につきましては、お客さま係までお申し付けください。

きりとり線

郵便はがき

恐れ入りますが、切手をお貼りください。

108-8617

東京都港区高輪4-10-18
京急第1ビル 13F
（株）くもん出版
お客さま係 行

フリガナ	
お名前	
ご住所	〒□□□-□□□□ 都道府県 区市郡
ご連絡先	TEL （ ）
Eメール	@

●『公文式教室』へのご関心についてお聞かせください●
1. すでに入会している 2. 以前通っていた 3. 入会資料がほしい 4. 今は関心がない

●『公文式教室』の先生になることにご関心のある方へ●
ホームページからお問い合わせいただけます → くもんの先生 検索
資料送付ご希望の方は○をご記入ください・・・希望する（ ）
資料送付の際のお宛名 ＿＿＿＿ ご年齢（ ）歳

選んで、使って、いかがでしたか？
ウェブサイトへレビューをお寄せください

ウェブサイト

こちらから

くもん出版ウェブサイト（小学参特設サイト）の「お客さまレビュー」では、
くもんのドリルや問題集を使ってみた感想を募集しています。
「こんなふうに使ってみたら楽しく取り組めた」「力がついた」というお話だけでなく、
「うまくいかなかった」といったお話もぜひお聞かせください。
ご協力をお願い申し上げます。

**くもんの
小学参特設サイトには
こんなコンテンツが…**

カンタン診断
10分でお子様の実力を
チェックできます。
（新小1・2・3年生対象）

お客さまレビュー
レビューの投稿・閲覧がで
きます。他のご家庭のリア
ルな声がぴったりのドリル
選びに役立ちます。

**マンガで解説！
くもんのドリルのひみつ**
どうしてこうなっているの？ くもん
独自のくふうを大公開。ドリルの
じょうずな使い方もわかります。

＜ご注意ください＞

- 「お客さまアンケート」（はがきを郵送）と「お客さまレビュー」（ウェブサイトに投稿）は、アンケート内容や個人情報の取り扱いが異なります。

	図書カードが当たる抽選	個人情報	感想
はがき	対象	氏名・住所等記入欄あり	非公開（商品開発・サービスの参考にさせていただきます）
ウェブサイト	対象外	メールアドレス以外不要	公開（くもん出版小学参特設サイト上に掲載されます）

- ウェブサイトの「お客さまレビュー」は、1冊につき1投稿でお願いいたします。
- 「はがき」での回答と「ウェブサイト」への投稿は両方お出しいただくことが可能です。
- 投稿していただいた「お客さまレビュー」は、掲載までにお時間がかかる場合があります。また、健全な運営に反する内容と判断した場合は、掲載を見送らせていただきます。

57274 「リハ゛学力チェックテスト5年生国語」

- - - - - きりとり線 - - - - -

お子さまの年齢・性別　　ご記入日（　　　　　年　　　月）
（　　　歳　　　ヶ月）　　　　　　　　　　　男／女

この商品についてのご意見、ご感想をお聞かせください。

よかった点や、できるようになったことなど

このドリル以外でどのような科目や内容のドリルをご希望ですか？

Q1 内容面では、いかがでしたか？
1. 期待以上　　2. 期待どおり　　3. どちらともいえない
4. 期待はずれ　　5. まったく期待はずれ

Q2 それでは、価格的にみて、いかがでしたか？
1. 十分見合っている　　2. 見合っている　　3. どちらともいえない
4. 見合っていない　　5. まったく見合っていない

Q3 学習のようすは、いかがでしたか？
1. 最後までらくらくできた　　2. 時間はかかったが最後までできた
3. 途中でやめてしまった（理由：　　　　　　　　　　　）

Q4 お子さまの習熟度は、いかがでしたか？
1. 力がついて役に立った　　2. 期待したほどつかなかった

**Q5 今後の企画に活用させていただくために、本書のご感想などについて弊社より
電話や手紙でお話をうかがうことはできますか？**
1. 情報提供に応じてもよい　　2. 情報提供には応じたくない

ご協力どうもありがとうございました。

くもん出版